英文融資契約書の読み方

コーポレートファイナンスからプロジェクトファイナンスまで

堀切 聡 著

税務経理協会

はじめに

英文融資契約書とはその名前のとおり，英文で書かれた金銭の貸借を約する融資契約書のことで，海外での融資取引や欧米の金融機関が貸手となる融資取引で使用されるものです。英文融資契約書は日本語で作成される国内の融資契約書とは大きく異なります。例えば契約書の長さが違います。国内の融資契約書は比較的短く，長くても10数ページの契約書がほとんどですが，英文の融資契約書は大変長く100ページを超える契約書も珍しくありません。また，契約書の長さだけでなく，融資契約書の構成が英文融資契約書と国内融資契約書では大きく異なるほか，英文融資契約書では英米法特有の考え方に基づいており，特殊な専門用語や複雑な文章の構造が使われます。このため，英文融資契約書は日本人にとってハードルが高いもので，初めて接する英文融資契約書をすんなり読みこなせる方は少ないと思います。

私も初めて英文融資契約書を見たときに，何度読んでも意味が分からなかったことにショックを受けました。しかし繰り返し英文融資契約書を読むことにより，少しずつ英文契約独特の言い回しや頻出する専門用語に慣れていき，法律的背景を理解することで，契約内容を理解できるようになりました。

私が現在所属する会社では英文融資契約書に触れる機会が少ないため，社員から英文融資契約書を勉強したいという声がありました。その社内勉強会で英文融資契約書の輪読を行っている中，英文融資契約書を解説する書籍は意外に少ないことに気付き，本書の執筆に至ったものです。

この本では，まず融資条件の考え方を説明した後，国内融資契約書を用いて融資契約書に記載される条項を確認し，続いて英文融資契約書の基本的な構成を説明します。そののち，英文融資契約書の契約違反に相当する債務不履行事由（Events of Default），誓約事項（Covenants），表明保証（Representations and Warranties）の各条文に対して，①条文要旨，②英文条文原文，③日本語直訳，④条文の趣旨説明という４段階で解説をしています。

本書を読み通すことで，英文融資契約書の構成と主要な条文の意味と重要なポイントが理解できるように構成しています。

本書が，これから英文融資契約書による資金調達を予定されている方や，英文融資契約書を一から学びたいという方のお役に立つことができれば幸いです。

最後に，本書の企画から出版までお世話になりました株式会社税務経理協会編集部の中村謙一氏に深く御礼申し上げます。

2023年４月

堀切　聡

CONTENTS

第5章 表明保証（Representations and Warranties） *211*

序章

～この英文融資契約書の意味が分かりますか？～

英文融資契約書は，英文で書かれた融資契約書のことで，海外事業における銀行借入の際，用いられる契約書です。英文融資契約書は日本国内で使われる日本語の融資契約書とは異なる点が多いことから，慣れるまでには時間と努力が必要です。

下記例文は，英文融資契約書の債務不履行事由条項の一例です。皆さんが借入人の立場，または銀行の立場で交渉するに当たり，弁護士から英文融資契約書の原稿（ドラフト）を受け取ったと想定しましょう。下記の条項は高校程度の英単語で構成された，僅か１つの文章ですが，皆さんは正確に翻訳でき，本条項の「意味」を正確に理解し，本条項が「意図」する点をスムーズに把握することができるでしょうか。

Cross-Default.

(i) A default shall occur in the payment when due (subject to any applicable grace period), whether by acceleration or otherwise, of any Indebtedness (other than Loans) of the Borrower in an aggregate principal amount of $2,000,000 or more, or (ii) a default shall occur in the performance or observance of any material obligation or condition with respect to one or more items of Indebtedness in the individual or aggregate principal amounts referred to in clause (i) above or any loan agreement, mortgage, indenture or other agreement relating to such item(s) of Indebtedness, in each case beyond the grace period, if any, provided therefor, if the effect of such breach or default is to cause, or to permit the holder or holders of that Indebtedness (or a trustee on behalf of such holder or holders), to cause, that Indebtedness to become or be declared due and payable (or redeemable) prior to its stated maturity or the stated maturity of any underlying obligation, as the case may be.

解読に苦労しませんでしたか。正確な翻訳はさておき，本条項の意図する点をざっくり捉えることも簡単ではないと思います。上記条文を Google 翻訳にかけても，その訳文は日本語になっておらず意味は分かりません（2022年時点）。大まかな意味が分かったとしても，融資契約書の契約文言ですので，一言一句を正確に理解するまで努力しなければ，契約担当者としては失格でしょう。なぜなら，英文融資契約書の「意味」と「意図」を正確に理解・掌握した上で，融資交渉において，自社側に有利な融資条件を勝ち取らねばならないからです。

上記例文の翻訳例は次のとおりです。

クロスデフォルト

(i) 期限の利益の喪失もしくはその他の原因にかかわらず，ボロワーの債務等（本融資を除く）における元本総額2,000,000ドル以上の支払期限の到来した支払に不履行が発生した場合（ただし猶予期間を考慮する）。または，(ii) 個別もしくは合計で元本総額2,000,000ドル以上となる債務等における重要な義務もしくは条件，またはそれらの債務等に関係するあらゆる融資契約，抵当権設定契約，信託証書，もしくはその他契約における重要な義務もしくは条件，の履行または遵守において不履行が発生した場合。ただし (i) (ii) 双方のケースにおいて，猶予期間があればその猶予期間を超過し，その違反や不履行によって，返済期限や義務履行期限より前に債務等の支払（償還）期日が到来する，もしくは到来宣言される場合，または当該債務の貸手もしくはその信託受託者がそのようにできるようになる場合，に限る。

本条項の詳しい解説は99ページにありますので，そちらを参照してもらうことととして，ここでは英文融資契約書の精読に当たり，大事なポイントを説明します。

1　文章の構造を理解すること
2　本条項の趣旨を理解すること
3　英文融資契約書でよく使われる単語の意味を理解すること
4　本条項の意味を理解した上で本条項の意図を把握すること

5　借手，貸手のそれぞれの立場に応じて自分に有利な条件を検討すること

1　文章の構造を理解すること

上記の条項はたった1つの文章から成り立っていますが，大きくは（i）と（ii）の2つに分かれ，両者の間はorで接続されています。まず最初に（i）と（ii）のそれぞれの主語，動詞，および修飾節の関係を把握しましょう。主語は（i）（ii）ともA defaultで，動詞は（i）（ii）とも“occur”になりますので，「不履行が発生した」という主語・動詞の関係になります。（i）には“in the payment when”以下の修飾が，（ii）には“in the performance or observance of”以下の修飾がかかります。そのあとは（i）（ii）の双方に“in each case”以下の修飾がかかる構造となっています。このように，まずはこの文章の構造を早く掴むことが重要です。

2　本条項の趣旨を理解すること

英文融資契約書には定型的な条項が多く存在します。このクロスデフォルト（Cross-Default）条項もその定型的条項の1つです。ここでのクロスデフォルト条項とは，借入人が本融資契約以外の債務に関して返済を履行できなかった場合，（本融資契約において債務不履行事由を発生させていなくとも）本融資契約に関しても債務不履行事由に該当するものとみなされ，貸付人は借入人に返済を要求できるという条項のことです。

上記の例文の場合，元本総額2,000,000ドル以上の他の融資の返済の不履行か，または重要な義務違反で，支払期限の到来を宣言させられる場合は，クロスデフォルトに相当し本融資契約における債務不履行事由に相当する，としています。

このように，英文融資契約書では定型的な契約条項が数多くありますので，的確に習得しておく必要があります。

3　英文融資契約書で使われる単語の意味を理解すること

英文融資契約書に限らず，英文契約書で用いられる独特の表現があります。上記例文で出ている“when due”（支払期限が到来した）とか，“in the individual or aggregate”（個別もしくは合計で）といった表現は特有の意味を持ちますので，慣れていく必要があります。

4　本条項の「意味」を理解した上で　その「意図」を把握すること

2で示したとおり，クロスデフォルトとは，本融資契約以外の契約上の債務が不履行になった場合も本融資契約書上の債務不履行事由となるものです。クロスデフォルトの目的は本融資契約の貸付人が債権回収等で他の債権者に劣後することがないようにするためです。すなわち，借入人が本融資契約では債務不履行を発生させていなくても，他の融資契約等で債務不履行が起こしている場合，その融資契約の債権者は借入人の期限の利益を喪失させ担保実行等により，債権を回収し始めるかもしれません。その場合，本融資契約では債務不履行が発生していないために，貸付人は他の貸付人よりも債権回収が遅れるかもしれません。このように当該条項の意図するところをしっかり理解しましょう。

5　借手・貸手のそれぞれの立場に応じて　自分に有利な条件を検討すること

上記の例文には，元本総額2,000,000ドル以上の他の融資の返済の不履行がクロスデフォルトになるとされています。この元本総額2,000,000ドル以上の部分を0ドルとしてしまうと，他の融資契約における僅か1ドルの不履行でも本融資契約の債務不履行事由に該当してしまい実務的ではなくなります。したがって，一定の金額以上の不履行をクロスデフォルトの対象とするべく不履行の最低金額を閾値として設けることが普通です。あなたが借手であれば，その閾値はなるべく高くした方がよいでしょう。あなたが貸手であれば，あまり閾値を高くしてしまうと，他の融資で多額の不履行があるにもかかわらず，あなたの融資契約での債務不履行事由とはならないため，他の債権者よりも債権回収が遅れることになるかもしれません。上記例文では，(i) は他の融資契約の債務で元本総額 2,000,000 ドル以上の場合，(ii) は個別もしくは合計で元本総額 2,000,000 ドル以上の債務に関連する重要な義務違反の場合としています。

冒頭からいきなり，英文融資契約書の条文を読まされて，「全く理解できなかった」と悲観しないでください。最初は理解できないのは当然です。なぜなら，「英文融資契約書は，条文の要旨を予め予想して読むもの」だからです。

正確に言いますと，融資契約書の条文には通常どのような条文が書かれているかを理解しておかねば英文融資契約書を読むことができないのです。つまり，日本語で書かれた融資契約書の各条文を理解していない限り，英語の融資契約書は読むことができないということです。

本書では，まず第 1 章で融資と融資条件について説明し，日本語の融資契約書の各条項を簡潔に解説します。第 2 章では，英文融資契約書がどのような構成で成り立っているのかを説明します。第 3 章から第 5 章までは本書の本題となる部分で，第 3 章は債務不履行事由，第 4 章は誓約事項，第 5 章では表明保証について，英文融資契約書に頻出する主要条項を，①条文要旨，②英文条文原文，③日本語直訳，④条文の趣旨説明の順で 1 つ 1 つ解説しています。主要条項の理解に忍耐が必要ですが，コツコツと読み進めていけば，読了後きっと英文融資契約書がスッと読めるようになるはずです。

第 1 章

融資条件と国内融資契約書

SECTION 1

融資とは

1　融資とは何か

この本を手に取った方に，「融資とは何か」ということを説明する必要性は少ないかと思いますが，英文融資契約書をより良く理解するため，言い換えれば英文融資契約書の各条項がどのような目的のために記述されているかを明らかにするために，「融資を行うことでどのような権利と義務が発生するか」を掘り下げて考えてみます。

融資はその漢字が示すとおり，「資金を融通する，すなわち資金を貸す」ことですが，融資を行うことで以下２つの効果を発生させると考えられます。なお，第１章では，融資の貸手を「貸付人」，借手を「借入人」と呼びます。

①　「資金の移転」と「信用の供与」

融資は，銀行のように資金調達能力を持ち，余剰資金のある貸付人から，資金を必要とする借入人への「資金の移転」であるといえます。この資金の移転と同時に発生する事象が「信用の供与」です。「信用の供与」とは，貸付人が，借入人の返済意思と返済能力があることを信用して自己の資金を一時的に貸与することです。一般的には信用力が高く資金調達コストが安価な貸付人から，相対的に信用力が低いために資金調達コストが高い借入人へ，信用を与える（供与される）ことであり，「信用の供与」することを「与信」と呼びます。

②　債務不履行による信用リスクの発生の可能性

借入人が融資によって得た資金は借入人の運転資金や設備投資に充てられます。借入人は貸付人に対して融資された資金を返済する義務を負います。しかし，資金繰りに窮した場合や，想定収益を上げられない場合は，返済の義務を果たすことができない事態になる可能性があります。この事態を借入人による債務不履行と呼びます。

貸付人は融資を通じて借入人による債務不履行の不確実性（リスク）を負うことになります。借入人の財務状況の悪化等による信用力の低下により，債務不履行のリスクの増加ないし債務不履行が発生し，貸付人の貸出資産の価値が減少または消失して貸倒損失を蒙る危険性を「信用リスク」と呼びます。貸付人は融資を行うに際し，信用リスクをなるべく極小化したいと考えます。しかし，上記①で述べたように，貸付人が「信用を供与」する以上信用リスクを負うことは不可避です。

まとめますと，融資において貸付人側が重視する点は，借入人への信用の供与に伴い生じる信用リスクを極小化させることにある，ということです。つまり，融資契約書に記述される融資条件は，「なるべく借入人の信用力が低下しないようにするため」と，その信用リスクが現実に発現することを予め想定し，貸付人の「貸倒損失を極小化するため」に設定される，といえるのです。

2　融資契約と賃貸借契約との違い

融資取引は貸付人から借入人への資金の移動を行う取引であり，借入人が融資契約書に定められたとおり貸付人へ融資資金の返済を行えば，融資取引は何も問題なくスムーズに完了しますが，万一借入人の信用リスクが発現し，返済不可能（＝債務不履行）となった場合には，その問題解決には大変な労力が必要となります。

融資取引は，駐車場やマンションの賃貸借及び使用貸借のように貸借の目的物自体（駐車場やマンションの部屋）を返還すれば取引終了するものとは異なります。例えば融資資金を運転資金に充てる場合，借入人は融資資金で原材料を仕入れ，その原材料を使用して自社製品を製造・販売し，売掛金を回収し，その回収資金で融資を返済します（これを短期融資と呼びます）。また，融資資金を設備投資に充てる場合は，新たな設備に伴う売上増によって利益の増加が期待でき，その利益で融資を返済します（これを長期融資と呼びます）。短期融資では売上金等が，長期融資では利益が融資の返済原資となります。つまり融資取引では，借入人が目的物（＝融資資金）の所有権を取得し，それを「消費」した後に，これと同種，同等，同量の物（＝融資返済資金）で返還する点に特徴があります。融資取引は，民法第587条に規定される消費貸借の一種で金銭消費貸借契約と呼ばれます。消費貸借契約とは，当事者の一方（借入人）が相手方（貸付人）から金銭その他の代替性のある物を受け取り，借入人が目的物の所有権を取得しそれを「消費」した後にこれと同種，同等，同量の物を返還するという契約です。融資契約書の正式な名称である金銭消費貸借契約書とは，このうち受け取る物が「金銭」であるものをいいます。つまり金銭消費貸借契約は，借入人は受け取った融資資金（金銭）を商品仕入れや設備投資に使用（消費）し，売上金や設備投資によって生まれる収益から同額の金銭を貸付人に返済するという意味になります。

したがって，融資された「金銭」は借入人によって一旦「消費」されるため，借入人による債務不履行が発生すると，貸付人が同種，同等，同量の「金銭」の返済を借入人に求めることに高いハードルが生じることは容易に想像がつくと思います。なぜなら，例えば融資資金を原材料の仕入に「消費」すると，その原材料が仕掛品に変わり，製品に変わり，製品が工場を出て売掛金に変わり，その売掛金が現金として回収されるまで，借入人は返済資金を捻出する手段が基本的にありません。また，融資資金を新工場の設備投資に「消費」した借入人は，新工場設備が完工しこの新工場が利益を生み出すまで大変長い時間を要することから，何年もの間，返済用資金の準備ができません。万一新工場が完工しないとか，新工場が赤字続きで新工場設備投資計画を断念した場合，返済用資金捻出のためにその新工場設備の売却を試みると思われますが，工場売却価格は融資額を上回ることはないでしょう。

どちらの場合でも，債務不履行の発生の原因は当初想定されていた融資資金の「消費」計画が頓挫したためですから，貸付人が「消費」された融資資金を借入人から回収するためには，借入人の何らかの資産を差し押さえて（もしくは予め融資の担保としていた資産を）売却処分することとなりますので，融資資金の回収には不確実性が伴います。

つまり，借入人の債務不履行が発生してしまってからその債権を回収することは非常に難しいため，債務不履行に至ると思われる傾向（＝信用リスクの増大）を未然に感知し，債務不履行を防止することが大事であることが分かります。債務不履行が発生してから対処するようでは遅すぎるのです。債権保全や債権回収は，「時間」が決め手となります。他の貸付人に劣後することなく，いち早く借入人から債権を回収するためには「すぐに動ける」ことが必要です。したがって融資契約においては，借入人の信用リスクが増加しないようにすることが何よりも重要であり，その上で借入人の信用リスクの増加が垣間見られるようになった時点で，貸付人が借入人に対して何らかのアクションがとれるようにしておく必要があります。

3　期限の利益を喪失させることが最も重要な融資条件

先述のとおり，借入人が融資資金を「消費」してから，返済用の「金銭」を準備できるまでに時間を要します。この時間は借入人にとっての利益と見なされます。なぜなら，返済期限の到来までは債務の履行すなわち融資の返済をしなくてもよい（＝自由に資金を使える），という利益だからです（逆に言えば，貸付人は融資を返済しろとは一切主張できないのです）。これを「期限の利益」と呼びます。しかし，借入人がその利益を享受している間に，借入人自身の信用力の低下や取引先の倒産，投資先の収益性の見込み違いなどが起こることがあり得ます。つまり債務の返済に充当すべき「金銭」の創出に不確実性が生じ，結果として債務不履行が発生することにつながります。

そのため，借入人が信用不安に陥った場合にまで，借入人に期限の利益を与えるのは非合理です。貸付人は，借入人の債務の履行に不確実性が生じたとき，もしくは借入人の債務不履行が発生したときに，その借入人の期限の利益を取り消します。これを「期限の利益の喪失」と呼びます。期限の利益の喪失により，借入人は期限の利益を主張することができなくなり，貸付人は，返済期日の到来前であっても，債務の履行を請求することができるようになります。抵当権その他の担保権を設定していれば，競売手続や担保権の実行手続を始めることが可能です。仮差押え，訴訟提起などの法的手続もとることができます。

このように，債務履行の不確実性が生じた時点で，または借入人の債務不履行が発生した時点で，貸付人が借入人に与える期限の利益を喪失できるようにする条件を何にするかが融資条件を決める上で重要となります。

ただ借入人の「債務不履行が発生した」ことを条件として，期限の利益を喪失させているようでは遅すぎます。むしろ債務不履行の不確実性すなわち信用リスクが増大した時点で，さらに正確にいえば債務の履行の不確実性が発現する「兆候」を捉えて，返済期日が未到来にもかかわらず債権の全額の支払を請求することができるようにすることが，非常に大事となります。その結果，貸付人が被る貸倒損失が増加する前に債権の回収が可能となり，他の貸付人に先んじて債権を回収できるため，貸倒による損失を極小化することが可能となるわけです。

したがって融資契約上の融資条件において，借入人の信用情報（財務諸表等）の提供を義務付けた上で，信用リスクが発現する兆候自体を「期限の利益を喪失させる条件」と定義することによって，借入人に対して信用リスクの増大を抑える牽制がかけられ，借入人の信用力の維持が図られます。言い換えると，融資条件とは債務不履行の不確実性につながる借入人の信用力を低下させずに，融資契約書締結時の借入人の信用力を維持させる制約であることが分かると思います。

次のSECTION 2では，融資条件は具体的にどのような条件であり，その融資条件はどのようにして決まるのかについて解説します。

SECTION 2

融資条件

1　融資条件とは

貸付人にとって好ましい融資条件とは，信用リスクの極小化と融資に伴うリターンの最大化です。一方，借入人にとって好ましい融資条件は，貸出金利を低くすることや，融資条件に自由度を持たせることです。貸付人と借入人双方が納得できるような融資条件とは具体的に一体どういう融資条件なのでしょうか。

融資条件は大きく分けて，形式要件と形式要件以外の要件が考えられます。貸付人が借入人に融資を行うに当たっては，様々な決め事が必要となります。融資金額・貸出枠金額，貸出金利・手数料，貸出条件，返済期限・返済方法，資金使途，期限前弁済方法，貸出先行要件といった形式要件は重要な融資条件であることは容易に想像できます。例えば融資金額が多額であれば，また返済期限が未来であればあるほど，貸付人が負う信用リスクは増大しますが，逆に借入人にとっては有利な融資条件といえます。

一方，形式要件以外の融資条件は，先述したとおり，「借入人の信用力の低下を防ぐための要件」と，債務不履行が発生することを予め想定し，「信用リスク増大の兆候を期限の喪失事由とする要件」です。具体例を挙げますと，「借入人の信用力の低下を防ぐための要件」としては，自己資本比率や利益指標などの財務比率を守らせる財務制限条項が相当します。また後者の「信用リスク増大の兆候を期限の喪失事由とする要件」としては，序章にて取り上げた，クロスデフォルト（本融資契約以外の契約上の債務が債務不履行になった場合も本融資契約上の債務不履行事由にするもの）が相当します。特に後者は，融資期間中に借入人の業況が悪くなった場合や，借入人が融資を返済できそうにない兆候がみられた場合に，貸付人が借入人の期限の利益を喪失させることができるようにする融資条件です。これらの形式要件以外の融資要件は，融資契約書では表明保証（Representations and Warranties），誓約事項（Covenants），債務不履行事由（Events of Default）という条項に規定されます（**【図表 1】**）。

【図表 1　融資条件の分類】

融資条件	融資契約書条項例
形式要件	融資金額，貸出枠金額
	貸出金利・手数料
	貸出条件
	返済期限・返済方法
	資金使途
	期限前弁済方法
	貸出先行要件
形式要件以外の要件	表明保証（Representations and Warranties） 誓約事項（Covenants） 債務不履行事由（Events of Default） など
借入人の信用力の低下を防ぐための要件	
信用リスク発現の兆候を期限の喪失事由とする要件	

このような信用力低下を未然に防ぐための融資条件や，信用リスク発現の兆候を期限の喪失事由とする融資条件である形式要件以外の要件は，貸倒損失を極小化するために融資契約に設けられるもので，形式要件に比べると非常に分かりにくいものです。しかし，与信行為を行う貸付人にとって，最大のリスクである信用リスクの増大を抑えるために必要かつ重要な条件である一方，借入人にとっては，期限の利益を最大限享受するための条件であるので，貸付人も借入人もその条件をしっかり理解しておく必要があります。

2　融資条件の決定方法

融資条件とは一体何かということを示す前に，ここでは貸付人がどのような過程を経て融資条件を決めていくか，という観点から解説します。融資条件は，大きく分けて以下の3つプロセスを経て決定されます。

① 借入人の信用力の審査：借入人の信用力を正確に審査し，借入人の観点から融資期間中に融資返済不能になるリスクがどの程度あるかを把握する。

② 融資の資金使途の審査：融資の資金使途を調査し，資金繰りの確認や投資案件の採算性評価を行い，当該融資資金の観点から，融資の返済の確実性を把握する。

③ 債権保全措置の審査：信用リスクが発現した時に備えて，予め債権を回収するための債権保全措置を検討する。

なお，上記①の審査を「返済資質（Character)」，②の審査を「返済能力（Capacity)」，③の審査を「返済担保（Capital)」と呼ぶことがあります。この頭文字を取って「3Cで与信を評価し，融資条件を定める」と表現することもあります。

①　借入人の信用力の審査

貸付人は融資を行う前に，借入人の信用力を審査によって判定します。その審査は「定量分析」と「定性分析」の2つに分けられます。定量分析は借入人の貸借対照表，損益計算書等の財務諸表から財務体質や利益水準を主に「数値」で分析することです。一方，定性分析は，経営者の経験や借入人会社の営業力，技術力，顧客層などを評価，分析することです。この定量分析と定性分析をあわせて借入人の信用力が判定されます。

定量分析は過去の財務諸表の分析を基に借入人の財務の強靭性，収益性を判定します。定性分析では主に将来性を推定し，借入人の持つ技術力や営業力が今後企業をどの程度成長させるかを予測します。判定に際し，借入人の信用格付を付与することもあります。信用格付とはS&PやMoody'sなどの格付機関が発表しているA＋とかBaa2といった記号のことで，企業の信用力を分かりやすく文字や数字で表示したランクのことです。

② 融資の資金使途の審査

貸付人は借入人の融資資金の使途，すなわち融資資金の使い道についても審査をします。例えば使途を運転資金とする場合には，売掛金の回収目途と融資の返済期日が整合するような資金繰りになっているかを確認します。また，融資資金を新工場の建設に使う場合は，新工場の投資回収が借入人の投資計画どおり進むかを審査し，融資の返済原資が確実に生まれるかどうかの資金創出力を推定します。

③ 債権保全措置の審査

次に債権保全措置について説明します。債権保全措置とは，万一借入人の信用力が低下して借入人からの返済が期待できなくなった場合に備えて担保や保証を徴求し，担保や保証をもって返済原資を確保し，債権を確実に回収するための施策のことです。

融資には利息が発生しますが，利息は貸付人の資金調達コストと事務コストおよび利益を賄うものであり，また貸付人が借入人の信用リスクを負うことの対価でもあります。しかし，信用リスクの対価でありながらも，借入人の債務不履行が発生した場合に，融資元本全額を利息で賄うことには限界があると考えられており，担保，保証が必要とされます。

担保保証が必要となるかどうかは，上記「①借入人の信用力の審査」，「②融資の資金の審査」を経て，担保保証の要否が判断されます。

担保には大きく分類して，借入人自身の不動産等の資産を担保とするものと，親会社等の第三者から担保提供を受けるものもしくは親会社等の保証を受けるものがあります。借入人が融資の返済ができず債務不履行となった場合，貸付人は担保により融資資金を回収します。担保が不動産等の抵当権であった場合は，当該担保不動産の売却により借入人の元本返済・利息支払に充当します。

また，保証であった場合は保証人による保証履行により，借入人の元本返済・利息支払を代位弁済させます（**【図表2】**）。

【図表2　債権保全措置】

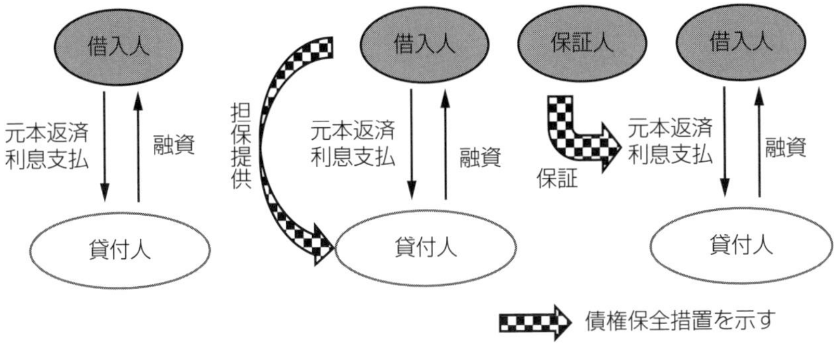

上記3つのプロセス（①借入人の信用力の審査，②融資の資金使途の審査，③債権保全措置の審査）を経て融資条件が決まります。まとめますと，下記の流れとなります。

① 定量分析と定性分析から借入人の企業信用力を判定します（場合によっては信用格付を付与します）。

② 今回の融資資金の使途を確認し，資金繰りの確実性や投資案件の採算を評価し，返済可能性を評価します。

③ 債権保全措置の必要性を判断し，債権保全措置が必要な場合はどのような担保・保証が適切かを見極め，担保価値の評価および保証人の評価をします。

これらの企業信用力判定，資金使途分析，担保の必要性ならびに担保の評価を一括して判断することを総合与信判断と呼びます。この総合与信判断のプロセスを図示すると**【図表3】**のとおりとなります。

この総合与信判断を踏まえて融資条件が決定されます。この総合与信判断は，貸付人が負うこととなる融資取引の信用リスクを把握し，そのリスクを極小化するように融資条件を決定することだけでなく，融資期間中に借入人の信用リ

【図表3　総合与信判断】

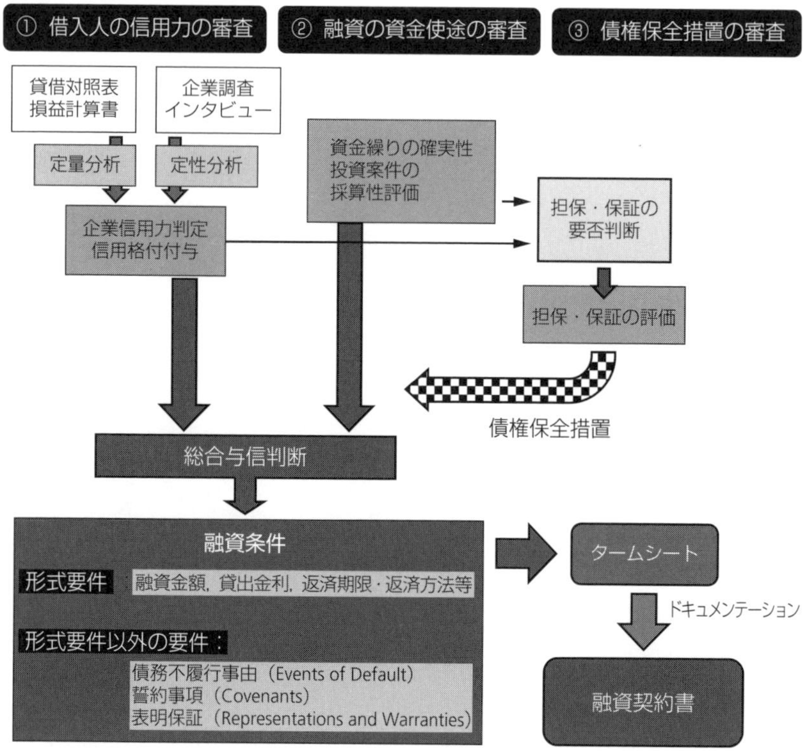

スクを貸付人がモニタリングしコントロールできる仕組みとすることが重要なポイントです。

3　主な融資条件

総合与信判断に基づき決定される主な融資条件は，形式要件である融資金額，貸出金利，返済期限・返済方法，および形式要件以外の要件である債務不履行事由（Events of Default）や誓約事項（Covenants），表明保証（Representations and Warranties）です。これらに担保・保証の条件を加えたものを広い意味での融資条件と呼ぶこともあります。

形式要件の融資金額，貸出金利，返済期限・返済方法の決定は，借入人の企業信用力，資金使途となる投資の採算，債権保全措置の有無やその内容によって返済の可能性が変化しますので，その3つの要因を総合的に判断して行います。

このうち融資金額，返済期限・返済方法は将来キャッシュフロー（企業活動に伴う収入と支出）から定量的に評価することが可能です。キャッシュフローは，融資が運転資金であれば資金繰り表で，設備資金であればプロジェクトキャッシュフロー表から算定します。一方，貸出金利の水準は貸付人が負う信用リスクの対価となりますので，総合与信判断を基に決定します。貸出金利は貸付人の収益源となりますが，信用リスクの極小化とリターン（貸出金利）の最大化のバランスが問われるところとなります。

一方，形式要件以外の要件について説明します。債務不履行事由（Events of Default）の「債務不履行」とは，契約上の約束が果たされない契約違反または契約不履行のことです。債務不履行事由（Events of Default）の例としては，返済（支払）期日の到来した元本，利息を支払わない場合，借入人が倒産または破産した場合，借入人が他の債務において債務不履行を起こした場合，借入人による債務の履行が違法となった場合，借入人が返済を拒絶した場合のほか，借入人に重大な悪影響を及ぼす事象が発生した場合などが相当します。さらに，借入人の債務返済の不確実性（信用リスク）が高まることにつながる兆候の発現や，借入人の信用力の維持のための制約を遵守しなかった場合，さらに，融資貸出時点等での借入人の事実関係が真実かつ正確であることの借入人による保証が虚偽であった場合も債務不履行事由に該当します。その兆候となる条件や借入人の信用力維持のための制約は，誓約事項（Covenants）に，真実かつ正確であることを借入人が保証する事実関係は，表明保証（Representations and Warranties）において具体的に定められます。つまり，融資契約の契約違反項目となる債務不履行事由は，「融資金の返済をしなかったことだけではない」点が重要なポイントです。それゆえにこの債務不履行事由の各条項はしっかり理解しておかねばなりません。

融資契約上の債務不履行である債務不履行事由（Events of Default）は，期限の利益の喪失を意味することから，期限の利益の喪失事由とも呼ばれます。借入人の借入債務についての「期限の利益」が喪失することから，借入人は貸付人から即時融資全額の返済を求められることになります。また，債務不履行事由は，期限の利益の喪失により直ちに融資の返済が求められるだけではなく，損害賠償や契約解除，救済事項にもつながるため，融資条件の根幹をなすものとされています。

誓約事項（Covenants）は，借入人の義務を規定したものです。借入人の信用力を維持するための義務が定められ，さらに債務支払の不確実性が高まった結果現れる兆候が定義され，その兆候の発現を抑えるよう義務の履行を常時求めるものとなっています。

表明保証（Representations and Warranties）とは，ある一時点における借入人に関する財務や法務等に関する一定の事項が真実かつ正確であることを表明し，その内容を保証することです。

誓約事項（Covenants），表明保証（Representations and Warranties）の違反は，債務不履行事由（Events of Default）に相当するため，同様に期限の利益を喪失することとなります。誓約事項（Covenants），表明保証（Representations and Warranties），債務不履行事由（Events of Default）の三者の関係は次ページ**【図表4】**のとおりとなります。

総合与信判断によって導かれたこれらの融資条件は，タームシートと呼ばれる契約の大まかな枠組みを項目別にまとめた文書にまとめます。そのタームシートをベースにして，融資契約書が作成され融資条件が詳述されることになります（この融資契約書の作成過程をドキュメンテーションと呼びます）。

つまり融資契約書は，①融資金額・融資期間・返済方法・貸出金利といった外形的な融資条件に関する形式要件と，②債務不履行事由（Events of Default），誓約事項（Covenants），表明保証（Representations and Warranties）という「期限の利益」を喪失することにつながる形式要件以外の要件という，2つの柱から成り立っていると考えることができます。

【図表４　誓約事項，表明保証と債務不履行事由との関係】

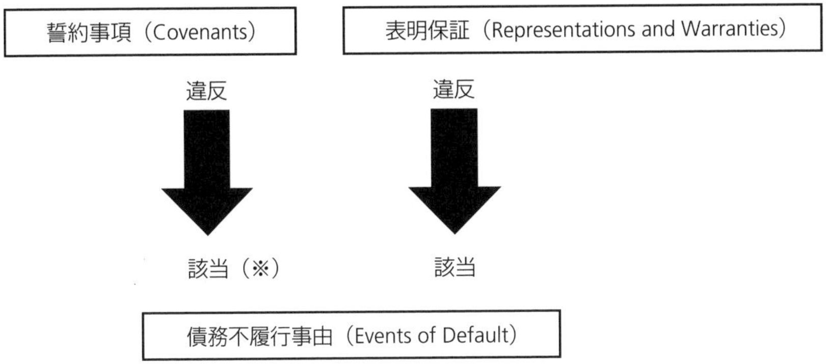

（※）誓約事項違反の場合，即時に債務不履行事由に該当する場合と，猶予期間が認められる場合がある。

4　表明保証と誓約事項との違い

借入人は，期限の利益を喪失する債務不履行事由の発生を何としても避けなければなりません。その債務不履行事由に該当する表明保証（Representation and Warranties）と誓約事項（Covenants）の違反について，もう少し深堀して解説します。

表明保証は，融資契約書の締結を行う場合または融資の貸出を受ける場合に，借入人の財務や法律等に関する一定の事項が真実かつ正確であることを「貸付人に表明かつ保証させる」ものです。もし借入人が表明保証した事実に誤りがあることが判明した場合には，即時の債務不履行事由に該当し，貸付人の融資契約上の義務が解除され，貸付人が貸出実行金をすぐさま回収するなど，貸付人の救済措置を講じることが可能となります。

一方誓約事項は，借入人に対し融資全期間中の作為または不作為の義務を課すものです。作為・不作為の義務を課すことにより，借入人の信用力の劣化を未然に防止することが目的です。したがって，借入人が誓約事項の義務違反を起こすことは，借入人の債務の返済に大きな懸念が生じていることであることから，債務不履行事由に該当し，借入人の期限の利益が喪失します。これにより貸付人の救済措置が可能となり，融資の一括返済が求められます。

表明保証も誓約事項も，借入人の融資契約上の義務履行に対する信頼を高めることが目的です。また表明保証違反も誓約事項違反も債務不履行事由に該当することから契約上の効力も一緒です。さらに表明保証と誓約事項には，例えば「財務諸表の提出」などのように同じ内容の契約条項が定められていることがあります。このため表明保証と誓約事項との違いが分かりづらい面があります。しかし表明保証と誓約事項には以下 4 つの相違点があります。

まず 1 点目は，時間軸の違いです。表明保証は，「表明保証を行う時点」で存在する事実を表明保証するものですので，その表明保証の対象は過去または現在の事実ということになり，将来を対象としていません。一方誓約事項は融資の最終返済期限まで常時，作為・不作為の義務を誓約するものですので，「現在から将来にわたる全期間」が対象となっています。

第 2 点目は，条項の目的が「確認」なのか「維持」なのかの違いです。表明保証条項は 1 時点での「確認」であり，表明保証を行うことにより，表明保証条項が必要とする目的は達成され完了となります。一方誓約事項は，将来にわたって作為義務や不作為義務の履行を誓約するものですので，行うべき行為を「維持」し，行ってはならない行為を回避することの「維持」が目的となります。

第 3 点目は，貸付人のアクションが伴うか伴わないかです。融資契約締結時に借入人が表明保証を行った場合，貸付人は融資契約を調印（締結）し，借入人に対し貸出の義務を負います。また融資貸出時に借入人が表明保証を行った場合，貸付人は融資を実行し貸出金の交付を行います。つまり借入人が表明保証を行うことにより，貸付人は引き返すことのできない point of no return を通過することになります。逆に言えば貸付人の何らかのアクションのために，借入人が表明保証するといえます。もう少し詳しい背景を説明しますと，貸付人は融資を行う前に 3 つの審査（①借入人の信用力の審査，②融資の資金使途の審査，③債権保全措置の審査）を実施すると説明しました。貸付人が審査作業を完了させ融資を行うことを内部決定し，point of no return となる融資契約の調印や貸付金の交付を行うわけですが，その point of no return の直前に，貸付人が審査した内容が正しいものであることを確認すべく借入人に表明保証させているのです。

それに対して誓約事項は借入人が義務を誓約するだけですから，誓約を受けて貸付人が何らかのアクションを行うことはなく，借入人の誓約事項違反があった時に初めて貸付人が権利を行使するかどうかのアクションが現れます。

つまり表明保証は貸付人にとって point of no return の直前の確認作業であることから，表明保証の条項内容はその表明保証と同様の趣旨を表す誓約事項に比べて，細かく厳密である場合が多いことは理解できると思います。

最後に第 4 点目として，表明保証や誓約事項の違反が，即時の債務不履行事由に該当するか，そうではなく債務不履行事由に該当に「猶予」が認められることがあるかどうかという違いです。表明保証に虚偽があった場合は即時の債務不履行事由に該当します。一方誓約事項の違反の場合は即時の債務不履行事由に該当する場合と猶予期間が認められる場合があります。前述のとおり表明保証の確認をもとに融資契約の締結や融資実行金の交付が行われるところ，表明保証に偽りがあった場合は，本来は当該契約締結や当該貸付金交付は行われるべきではなかったことになりますから，即時の債務不履行事由に該当します。一方，誓約事項については，借入人がどんなに注意・努力していても融資期間中に誓約事項を違反してしまうことはあり得ます。そのため誓約事項違反をすぐさま債務不履行事由に該当させず，一旦猶予期間を設けることがあるのです。作為義務を課した肯定的誓約事項の違反では債務不履行事由を猶予付きとすることが多い一方，不作為義務を課した否定的誓約事項は即時の債務不履行事由とすることが多いようです。

これをまとめると次ページ【図表 5】のとおりとなります。

【図表 5】

	時間軸	目的	レンダーのアクション	債務不履行事由への該当	同内容条文の場合
表明保証(Representations and Warranties)	一時点における過去と現在	確認	あり	即時該当	細かく厳密
誓約事項(Covenants)	現在から将来にわたる全期間	維持	なし	猶予あり	表明保証よりは緩い

第 4 章の冒頭に誓約事項の条項一覧を，第 5 章の冒頭には表明保証の条項一覧を載せています。誓約事項と表明保証にはどのような条項が定められているかをよく確認し，上記 4 つの観点の違いを意識して読んでいけば理解が進むと思います。

5　融資条件を決定する要因

融資条件の決定方法は，なかなか分かりにくい面があります。企業信用力分析，資金使途分析，担保評価のそれぞれは分析・評価ができたとしても，それが，融資金額，貸出金利，返済期限・返済方法の決定や，債務不履行事由(Events of Default)，誓約事項(Covenants) 表明保証 (Representations and Warranties)，にどう反映されるのか想像しにくいと思います。

融資金額，返済期限・返済方法は，上述のとおり将来キャッシュフロー（企業活動に伴う収入と支出）から定量的に算出しますが，貸出金利は必ずしも定量的な判定だけをもって決めていないところがあります。基本的には各貸付人の資金調達コストと，借入人の信用力による倒産確率と回収時および融資期間から算出された標準貸出金利基準が決まっていますが，それだけではなく，貸付人の営業地域の特性（例えば中京圏や関西圏は銀行の貸出競争が激しく貸出金利は相対的に低いといわれます）や貸付人の借入人に対する融資営業姿勢（新規顧客獲得のため低い金利を提示する）によって貸出金利は変動すると考えられています。

一方で，債務不履行事由（Events of Default），誓約事項（Covenants）表明保証（Representations and Warranties）の決定は，企業信用力判定，資金使途分析，担保評価の結果に拠る総合与信判断から導かれることになります。こちらは定量的に決定されるものではなく，借入人の定性・定量的な側面，キャッシュフローの確度から決められます。

一番重要なポイントは，借入人の信用力と返済原資の創出力が変化しないようにすることです。貸付人が一番避けたいと考えていることは，融資資金の供与以降に，借入人の信用力や返済原資の創出力が想定以上に悪化することです。借入人は融資資金を運転資金や新事業に投入することで融資資金を「消費」します。その「消費」後，返済原資が生まれるためには，融資資金を消費している間に借入人の信用力や返済原資の創出力が審査時の想定どおりに維持されることが前提です。したがって，借入人の信用力や返済原資の創出力の低下が現れやすい指標を決めて，その指標が決められた限度を超えないように，融資条件の中で借入人の企業行動を制約します。分かりやすい例でいえば，合併や企業分割，資産売却，過剰な借入を禁止する誓約事項などです。つまり，借入人の信用力が劣化することにつながるような行動を禁止したり，制約したりすることにより，信用力や返済原資の創出力の維持を図ろうとするわけです。また，法令遵守違反，許認可の未取得や失効，訴訟や係争，労働争議が存在すると，企業信用力に影響を与えますので，特に当該借入人への影響が大きい項目について，誓約事項（Covenants）や表明保証（Representations and Warranties）で，それらの不存在を誓約ないし保証させるようにします。

また，融資資金の使途となるプロジェクトが特定されている場合は，そのプロジェクトが，予算超過なく，計画どおりのスケジュールで建設され，計画どおりの生産量と販売量と販売価格が実現しているかどうかをモニターすることが求められるため，プロジェクトのモニタリング指標が誓約事項（Covenants）や表明保証（Representations and Warranties）に盛り込まれることとなります。

6　融資条件の交渉上の留意点

融資条件の交渉では，得てして貸付人有利，借入人不利の関係になりがちですが，コマーシャルベースの契約である以上，借入人が遠慮する必要はないはずです。貸付人たる銀行は保守的な考え方をする傾向があるので，重箱の隅を突く通常ではあり得ない状況を想定した誓約事項（Covenants）や表明保証（Representations and Warranties）を設けることで，軽微な事象でも債務不履行事由に抵触してしまったり，極端に借入人の活動を束縛し，事務負担を増加させることになるかもしれません。ですので融資契約書全体にわたって，貸付人と借入人がどのような権利・義務関係にあるかを「俯瞰的かつ相対的に」掌握して交渉していくことが大事です。

融資契約書の交渉上で留意すべき事項は以下のとおりかと思います。

➢　交渉の臨む前に，論点を予想し，自社のポジションおよび代替案を準備しておく。

➢　融資条を譲歩する場合は，当該契約内の同様の箇所，後続の契約，類似の契約への波及が予想されるので，その影響を慎重に判断する。

➢　過去の前例に捉われずに，今回はこの融資条件でよいのかを吟味する。

➢　相手側から論点を提起された際，完全に理解できるまで時間を取り，弁護士とよく相談する。一方的に弁護士任せにせず，最終的な責任は自分にあることを自覚する。

➢　事務手続箇所は社内の決裁手続や社内関係部の手続に関連することが多いので，確認・調整を行う。

融資契約交渉において，両当事者間で意見が対立した論点は，契約書締結後何年も経ってから両者間の紛争を引き起こす原因となることがあります。皮肉なことですが，契約交渉の際はそのようなことは想定されないとして相手側に譲った融資条件が，将来貸付人の貸出債権の毀損や，借入人の期限の利益を失うことにつながることがあるのです。

7　日本人が陥りやすい英文融資契約交渉上の落とし穴

英文融資契約は英米法で作成されることが多いのですが，英米法には「口頭証拠排除原則」があり，口頭の合意は契約内容として認めないというという考え方があります。そのため，書面を重視する考え方になり，契約書の英語表現は，厳格かつ網羅的になり，考えられるすべての事項を盛り込もうとします。また，英米の法体系がコモンロー（Common law）と呼ばれる判例法を基にしているため，契約上で生じた問題を何かの法で正否を判定することが難しい面があります。そのため，契約上起こり得る問題や権利義務，賠償の方法などを事細かく契約書に記載します。

よって，英文融資契約書では，日本人の常識からすれば通常では想定し得ない状況を設定し，その場合の貸付人，借入人の義務権利や損害賠償の方法を1つ1つ整理して記載していきます。ここに日本人が陥りやすい英文契約交渉上の落とし穴があるのです。

日本の民法には「信義誠実の原則」があり，問題が起きたらそのときにお互いに誠実に協議をして解決しようとしますが，英米法はそうではありません。

英文契約書上では，ありとあらゆる状況（シチュエーション）を設定し，そのすべてのシチュエーションごとに事細かに場合分けして，両者の権利義務を決めていく作業が必要です。特に，貸付人が借入人の信用リスクという将来の不確かなリスクを取ることとなる融資取引の性格上，このシチュエーション設定は際限なく広がる宿命にあるのです。貸付人は「天と地がひっくり返ってしまうような世界でしか起こり得ない（これは冗談ではありません）」ような，滅多にないシチュエーションを想定した契約条項を設定することに邁進しますので，これは借入人にとっては苦痛でしかありません。しかし，英文融資条件交渉において，貸付人が拘る稀有なシチュエーション設定に正面から対峙せず，貸付人の言うままに融資条件を合意してしまうことは危険です。もしあなたが借入人の場合，「貸付人はやけにこのシチュエーションに固執するが，よほどのことがない限り発生するシチュエーションではないから，どうでもいいや」

と，そのシチュエーションを軽視しそのシチュエーションでの権利義務関係を安易に合意してはなりません。滅多に起こらないシチュエーションだとしても，融資契約上の債務不履行事由につながることになるかもしれないのです。

日本語を母国語とする日本人にとって，英文融資契約書の交渉は次の理由から非常にタフといえます。

① そもそも英語を使った交渉であること

② 英米法の観点から英文契約書は考えられるすべての事項を盛り込んで長文化すること

③ そして英文融資契約書では，貸付人は滅多にないようなシチュエーションを想定した融資条件を設定しようとすること

④ そこに融資分野の法律の専門知識が必要とされること

辛抱強く粘り強く，決して諦めずに交渉に臨んでください。

8 借入人に有利な融資条件

このSECTIONの最後に，借入人の立場からみて有利な融資条件を考えてみます。

借入人にとって有利な融資条件とは，貸付人による信用リスクの極小化の手段をなるべく取り除くことです。言い換えると，貸付人は借入人の債務不履行の不確実性が高まらないようにするために，借入人の信用力や返済原資の創出力を維持するよう企業活動に制約を課そうとしますが，その制約をなるべく融資条件から取り除くことです。また，貸付人は，借入人の債務履行の不確実性の「兆候」を債務不履行事由と規定し，その「兆候」が発生した際に一括返済を求め（＝期限の利益を喪失させ）ようとしますが，軽微な事象で期限の利益の喪失につながらないよう債務不履行事由の数と内容を限定すべきです。

借入人の期限の利益を喪失させる債務不履行事由となる条件は一体何でしょうか。借入人が倒産した場合や融資の元利金支払を停止した場合は，期限の利益を喪失されても仕方ありません。しかし，借入人の決算が赤字になった，ま

たは借入人の筆頭株主が買収ファンドに変わったことは借入人の債務不履行のリスクが高まる兆候であり，債務不履行事由に相当するといえるでしょうか。その理由だけで，期限の利益を喪失させられ一括返済をしなければならないと言い切れるでしょうか。

また，貸付人は借入人の活動を監視できるようにし，借入人の企業行動に制約を設け，信用力や返済原資の創出力の劣化につながるような動きをしないように，借入人に誓約させます。企業の信用力や返済原資の創出力を維持させる誓約事項とはどういったものでしょうか。例えば，新工場への投資や銀行から追加借入を行うことが信用力や返済原資の創出力の低下につながると言い切れるでしょうか。貸付人と借入人とは立場が違いますので，何が信用力や返済原資の創出力の低下につながるとするかは見解が分かれます。

債務不履行の兆候の条件と信用力や返済原資の創出力維持の条件については，貸付人と借入人との間に目線の隔たりがあるので必ず議論となりますし，どの借入人にも適用できる絶対的な条件が存在するわけではありません。

したがって，誓約事項や表明保証，また債務不履行事由は，なるべく数を少なくかつ借入人にとって有利になるようにすることがポイントです。また，債権保全の観点から担保や保証の提供を求められた際は，それが万が一のためであっても，自社の土地や建物，工場などを貸付人の担保に差し出すことや，親会社などの第三者からの担保や親会社・第三者の保証を提供することをなるべく避けるべきです。

まとめますと，借入人にとって有利な融資条件とは，①期限の利益喪失となる債務不履行事由は，相当のことがない限り抵触することのない内容とする，②誓約事項や表明保証における企業活動への制約を少なくする，③担保・保証などの債権保全措置に関して借入人や保証人の負担ができるだけ少なくなるようにする，ことです。さらに，借入人にとって大きな負担となる貸出金利の水準については，貸付人が負う信用リスクに見合うバランスの取れた貸出金利水準かどうかを見極める必要があります。

SECTION 3

国内融資契約書例

本書は英文融資契約書の解説を目的としていますが，英文融資契約書の条文ごとの詳説に入る前に，国内融資契約書の解説を行う方が理解を深められると考え，まず日本語で書かれた国内融資契約書の概要を解説します。

英文融資契約書に限らないことですが，英文契約書がなかなか理解できない理由を，「英語で書かれているから」と決めつける人が多いように思えます。英文契約書を理解できないのは「英語のせい（語学の問題）」ではなく，契約書が日本語で書かれていても十分に難解であることが理由です。日本語で理解できないことは英語でも理解できないのは当然です。したがって，融資契約書に通常規定される条項を日本語で理解していく方が近道です。その上で英文融資契約書特有の表現や英米法特有の条項などを習得していけばよいと考えます。

国内の融資契約書である金銭消費貸借契約書は，非常に簡単なものは全部で20条程度の条項のものから，英文融資契約書に類似する多くの条項を持ったものまで様々です。ここでは，簡易な融資契約書と英文融資契約書の形式に近い融資契約書の2種類の金銭消費貸借契約書を示しながら，主要な条項を解説していきます。英文融資契約書の条項と共通する項目が多いので，まず日本語の融資契約書でどのような条項が定められているかを把握しましょう。

1　個人向けローンの金銭消費貸借契約書の例

最初に，国内の市中銀行で用いられている個人向けローンの金銭消費貸借契約書の例を使って融資契約書の主要な規定内容をみていきます。最も基本的で最低必要とされる条項が簡潔に記されています。各条項の下に解説を加えます。

金銭消費貸借契約書

令和X年4月1日

借入人は，貸付人から，以下の金銭消費貸借契約書規定を承認の上，下記借入要項のとおり金銭を借り受けます。

記

1　借入金額　　　　金1億円

2　適用利率・遅延損害金利率

（1）適用利率　年率　Y％

（2）遅延損害金利率　年率　　Z％

（年365日の日割計算）

3　返済方法

借入人は，銀行に対し，令和X年9月から令和(X+2)年3月まで，毎3月，9月の各末日，各元本2,500万円，4回の分割で，また利息は各返済日に後払いで，銀行の指定する預金口座に振込送金の方法により支払います。

ここでは，借入金額，適用利率，返済方法という融資内容の骨子（形式要件）が記されます。適用利率とは借入金に対する利息額の根拠となる利率です。上記のとおり借入金額が1億円で，適用利率が3.0％とした場合，4月1日から9月30日までの初回利息の計算式は，1億円×0.03×183日(4/1～9/30)÷365日＝1,504,109円となります（初日算入）。

遅延損害金利率という聞き慣れない単語がありますが，利払日に利息の支払がなされなかった場合に，利息支払日以降に適用される割増しされた利率のことです。利息と遅延損害金を二重に支払うことはありません。本来の利息支払日までは適用利率の利息を，延滞期間は遅延損害金利率による遅延損害金を支払います。

元本の返済方法は様々ですが，上記のように分割で返済する場合や最終返済期限に一括で返済する方法等があります。

（担保）

この契約による債務の期限の到来または期限の利益の喪失後，その債務の履行がない場合には，担保については法定の手続を含めて，一般に妥当と認められる方法，時期，価格等により貸付人において取立または処分の上，その取得金から諸費用を差し引いた残額を法定の順序にかかわらず，この契約による債務の返済にあてることができるものとします。

担保とは，万一の債務不履行に備えて，予め債権者に提供され，債務の返済を確保する手段です。返済の期限の到来または期限の利益の喪失後に，その返済の履行がない場合には，貸付人が担保を売却し，借入の返済に充当（担保権の実行）ができることを規定しています。

（保証）

保証人は，この契約の各条項を承認の上，借入人がこの契約によって負担する一切の債務について，借入人と連帯して，かつ保証人相互間においても連帯して保証債務を負い，その履行については，この契約に従うものとします。保証人が，この契約による保証債務を履行した場合，代位によって貸付人から取得した権利は，借入人と貸付人との間に，この契約による残債務または保証人が保証している他の契約による残債務がある場合には，貸付人の同意がなければこれを行使しないものとします。

保証とは，借入人が返済を履行しない場合に，その借入を借入人に代わって履行する義務を負うことです。保証人は借入人が本契約によって負担する一切の借入について，借入人と連帯して（一体となって），かつ保証人が複数の場合は保証人相互間においても連帯して保証債務を負うことを約しています。さらに，保証人が本契約による保証債務を履行した場合，代位によって貸付人から取得した権利（借入人の借入を肩代わりしたことにより，保証人が借入人へ返済を求めることができる権利）は，借入人と貸付人との間に，本契約の借入残高または保証人が保証している他の契約による借入残高がある場合には，貸付人の同意がなければ取得した権利を行使しないものとすることを規定しています。

(期限の利益喪失)

借入人に次に掲げる事項のひとつにでも該当する事由が生じたときは，何らの通知，催告がなくとも当然に，借入人は一切の債務について期限の利益を喪失するものとし，貸付人に対し，直ちに残債務を支払わなければならない。

(1) 分割返済金の支払を怠ったとき
(2) 仮差押，仮処分，強制執行，競売，執行保全処分を受けたとき
(3) 破産手続開始・民事再生手続開始の申立があったとき
(4) 国税滞納処分またはその例による差押を受けたとき
(5) 借入人が自宅住所や勤務先，連絡先電話番号の変更を申告しなかったとき

この期限の利益喪失では，期限の利益喪失事由を規定しています。先述のとおり「期限の利益」とは，返済の期限が到来するまで借入の返済をしなくてもよいという借入人の利益を表します。「期限の利益が喪失する」というのは，返済期日に返済すればよかった借入金が，一定の事由が生じたために，即座に返済しなければならなくなったということです。ここではいずれかの「期限の利益喪失事由」が発生した場合，直ちに借入残高全額を返済しなければならないことを規定しています。期限の利益喪失条項の目的は，貸付人が返済期日前であっても，債権を回収できるトリガー（引き金）を設けるためであり，融資契約の中では重要な条項になります。(1)は融資元本の返済を期日どおり行わなかった場合であり，(2)～(4)は記述どおりで，借入人が倒産ないし倒産同等の状況になった場合を，(5)は連絡先が変更となったにもかかわらず，貸付人へ連絡を怠った場合を指します。英文融資契約書の債務不履行事由（Events of

Default）に相当します。

（届出事項）
氏名，住所，印鑑，電話番号その他銀行に届け出た事項に変更があったときは，借入人は直ちに貸付人に書面で届け出るものとします。

届出事項は，借入人の届出事項の通知義務を規定しています。英文融資契約書の誓約事項（Covenants）に相当します。

（報告および調査）
借入人は，銀行が債権保全上必要と認めて請求をした場合には，担保の状況ならびに借入人および保証人の信用状態について直ちに報告し，また調査に必要な便益を提供するものとします。借入人は，担保の状況，または借入人もしくは保証人の信用状態について重大な変化を生じたとき，または生じるおそれがあるときは，銀行に報告するものとします。

報告および調査は，貸付人が債権保全上必要であると判断した場合に，担保の状況ならびに借入人および保証人の信用状態について借入人が貸付人に報告すること，また，調査に必要な便益を提供することや，担保の状況，または借入人もしくは保証人の信用状態について重大な変化を生じた（生じるおそれがある）ときは，借入人が貸付人に報告することを約しています。英文融資契約書の誓約事項（Covenants）に相当します。

2　タームローン契約書（JSLA 2019年版）の例

次に，英文融資契約書の構成に近い国内法人向け金銭消費貸借契約書の例を紹介します。ここでは，日本ローン債権市場協会（Japan Syndication and Loan-trading Association（JSLA））が公開している契約書（タームローン契約書

(JSLA 2019年版)）を一部加工したものを用います。日本ローン債権市場協会は日本におけるローン債権の流動性を高め，プライマリー市場およびローン債権売買を行うセカンダリー市場の健全な成長に資することを目的として2001年に設立された団体ですが，同協会の目的の1つが，プライマリーおよびセカンダリーのローン債権取引における標準的な契約書を整備することとなっており，上記雛形が公開されています。

下記はタームローン契約書の目次です。全28条からなっていますが，各条に標題が付されおり，各条項の概要が分かります。

第1条（定義）
第2条（貸付人の権利義務）
第3条（資金使途）
第4条（貸付実行の前提条件）
第5条（貸付の実行）
第6条（貸付の不実行）
第7条（増加費用および違法性）
第8条（元本弁済）
第9条（利息）
第10条（期限前弁済）
第11条（遅延損害金）
第12条（エージェントフィー）
第13条（諸経費および公租公課等）
第14条（借入人の債務の履行）
第15条（貸付人への分配）
第16条（借入人による表明および保証）
第17条（借入人の確約）
第18条（期限の利益喪失事由）
第19条（相殺，許容担保権の実行および任意売却）
第20条（貸付人間の調整）

第21条（エージェントの権利義務）

第22条（エージェントの辞任及び解任）

第23条（貸付人の意思結集）

第24条（契約の変更）

第25条（借入人による地位の譲渡，貸付実行前の譲渡）

第26条（貸付実行後の譲渡）

第27条（第三者からの回収等）

第28条（一般規定）

このタームローン契約書は，1人の借入人に対し，複数の貸付人が想定されており（これをシンジケートローンと呼びます），各貸付人と借入人との間で1つ1つ独立した金銭消費貸借契約書としての性質と，複数の貸付人同士の関係を規律する債権者間契約書としての性質を兼ねています。後者の貸付人相互の規律に関しては，本書の本質からは逸れますので，それに関する条項は省略しています。

第2章以降で詳述する英文融資契約書の理解に役立つ条項を中心に解説します。

> ［　　］株式会社（以下，「借入人」という），本契約別表［　］に記載された金融機関（以下，各金融機関を「貸付人」という）および株式会社［　］（以下，「エージェント」という）は，［　］年［　］月［　］日付で以下のとおり合意する（以下，「本契約」という）。

これは融資契約の前文になります。エージェントとは貸付人を代表して事務管理を担当する事務代行者です。通常はシンジケートローンを取りまとめる主幹事（アレンジャー）が就任します。

第１条（定義）

次に掲げる各用語は，文脈上別義であることが明白である場合を除き，本契約において次に定める意味を有する。

1．「営業日」とは，日本国の法令等により銀行の休日とされる日以外の日をいう。

…

10.「基準金利」とは，各利息計算期間について当該利息計算期間の直前の利息計算期間に係る利払日（ただし，第1回利息計算期間については実行日）の２営業日前の午前11時または午前11時に可及的に近い午前11時以降の時点において全銀協TIBOR運営機関が公表する［　］のうち，［　］か月［(ただし，初回及び最終回の利息計算期間については，当該利息計算期間に対応する期間)］（以下，「基準金利期間」という。）の利率をいう。

…

21.「スプレッド」とは，年率0.5％をいう。

…

30.「適用利率」とは，基準金利にスプレッドを加算した利率をいう。

…

38.「利息計算期間」とは，初回は実行日から第１回利払日までの期間，第２回以降は，直前回の利払日の翌日から次回利払日までの各期間をいう。

39.「利払日」とは，利息の支払日であって，実行日の翌日以降満期日までの期間における毎年［　］月，［　］月の［　］日及び満期日（ただし，当該利払日が営業日以外の日に該当する場合は，当該利払日は，その翌営業日［とし，かかる営業日が翌月となるときは前営業日］とする。）をいう。

第１条（定義）は，本融資契約書で用いられる用語の定義を表す条項です。

上記の1.「営業日」では本融資契約書で用いられる「営業日」は「日本国の法令等により銀行の休日とされる日以外の日」と特定の意味を表すことを定めています。

一方，10.「基準金利」，21.「スプレッド」，30.「適用利率」では，それぞれの語句の定義を定めており，それらを組み合わせて読むことで，適用利率＝基準金利＋スプレッド（年率0.5％）により，本融資の適用利率が決められています。ですので，本融資の適用利率はこの定義の条項から読み取ることになります。

38.「利息計算期間」，39.「利払日」は，本融資の利息の計算方法を定めています。融資によって利息の計算方法は様々ですので，定義をしっかり確認する必要があります。

このように，本条の定義では，単なる語句の定義という辞書的役割に限られず，適用利率といった融資条件や，利息の計算方法などの融資事務に係る規則を定めているため，丁寧に理解しておく必要があります。英文融資契約書の定義（Definitions）に相当します。

第2条（貸付人の権利義務）

(1)　貸付人は，第4条各号記載の要件の充足を条件に，本契約に従い，実行日において，借入人に対し，個別貸付実行金額を貸し付ける。

(2)　貸付人が貸付義務に違反して実行日に個別貸付を行わなかった場合，当該貸付人は，かかる貸付義務違反により借入人が被ったすべての損害等を，借入人から請求があり次第，直ちに補償する。

第2条（貸付人の権利義務）は，貸付人の権利と義務を定めています。第4条（貸付実行の前提条件）の各号に定められた要件を満たせば貸付人は貸付を行う義務を負います。これにより書面による諾成的消費貸借が成立し，貸付人に対する借入人の金銭等（融資金）の引渡請求権が発生し，また金銭等の引渡しがなされれば，借入人に対する貸付人の返還請求権が発生することになりま

す（2020年4月施行 民法第587条2追加）。

一方，借入人は融資金を受け取るためには第4条（貸付実行の前提条件）の要件を満たす必要があり，融資契約書を締結しただけでは融資金を受領できないことが分かります。

> 第3条（資金使途）
> 借入人は，本貸付により調達した金員を○○建設資金として使用する。

第3条（資金使途）は，本融資契約書で借り入れる資金の使途を記します。○○建設資金といった資金使途のはっきりしたもののほか，運転資金といった概念的な使途でも構いません。

> 第4条（貸付実行の前提条件）
> 貸付人は，次の各号に定める条件が実行日においてすべて充足されることを条件に個別貸付を実行する。なお，かかる条件充足の判断は貸付人毎に行い，他の貸付人及びエージェントは，当該貸付人の判断及び個別貸付の不実行について一切の責任を負わない。
> ① 貸付不能事由が生じていないこと
> ② 第16条（借入人による表明及び保証）各号記載の事項がいずれも真実かつ正確であること
> 以下略

第4条（貸付実行の前提条件）では，貸出先行要件が規定されています。貸出先行要件とは貸出に必要な条件のことです。融資契約書を締結するだけでは貸出は行われず，第4条の各号がすべて満たされて貸付人が貸付義務を負い，貸出が実行されます。英文融資契約書ではこの貸出先行要件のことを，Conditions，Condition Precedent，Conditions to Credit Events，Conditions of Utilisation などと呼称します。

各号のうち，1 号と 2 号について考察してみます。1 号の「貸付不能事由が生じていないこと」の「貸付不能事由」とは，第 1 条（定義）で定義されており（記載省略），①天災・戦争・テロ攻撃の勃発，②電気・通信・各種決済システムの不通・障害，他が定義されています。

2 号の「第 16 条各号記載の事項がいずれも真実かつ正確であること」は，第 16 条の「表明保証」が真実かつ正確であることを指します。表明保証とは借入人に関する財務や法律等に関する一定の事項が真実かつ正確であることを表明しその内容を保証するものです。貸付を行う時点で借入人の事実関係を表明保証により確定することにより，貸出が行われるわけですので，これは貸出の前提条件と考えられます。したがって，万一表明保証に偽りがあった場合は本来貸出が実行されなかったにもかかわらず，借入人は融資を受けられたということですから，貸付人からみれば即座に全額返済を求めるべきものとなります。そのため，表明保証の違反は債務不履行事由となり，直ちに借入全額の返済を求められることになります。

第 8 条（元本弁済）

借入人は，本貸付の元本を，貸付人に対して，本契約別表［ ］の返済スケジュールに従って，各期中元本弁済日及び満期日に分割して第 14 条（借入人の責務の履行：略）の規定に従い支払う。

第 8 条（元本返済）は，元本の返済方法を定めています。

第 9 条（利息）

(1) 借入人は，貸付人に対して，各利息計算期間の終了日である利払日において，貸付人毎の当該利息計算期間における個別貸付の元本金額に，適用利率および当該利息計算期間の実日数を乗じて算出した利息の合計額を，第 14 条（略）の規定に従い支払う。

(2) 前項の利息の算出方法は，［両端／後落しによる片端］および 1 年を

［365／360］日とした日割計算とし，除算は最後に行い，1円未満は切り捨てる。

第9条（利息）は，利息の支払方法および利息の計算方法を定めています。

第10条（期限前弁済）

(1) 借入人は，満期日前に本貸付の元本の全部または一部を弁済（以下，「期限前弁済」という。）することはできない。ただし，第7条（略）の規定に基づく場合，または次項以下の手続に従って，借入人が全貸付人及びエージェントから書面による事前の承諾を得た場合はこの限りではない。

(2) 略

(3) 略

(4) 本条の規定に基づき本貸付の元本の一部が期限前弁済された場合，本契約別表［　］の返済スケジュールに記載された各元本弁済日に貸付人に対して返済すべき元本金額のうち，弁済期日の到来の遅い元本から順に充当されるものとする。

第10条（期限前弁済）は，期限前弁済について定めています。期限前弁済とは約定された元本返済期日より前に借入人の都合により返済を早めるものです。早期返済により貸付人が負う信用リスクが減少するので，貸付人にとって好ましいことなのですが，貸付人の資金運用の観点からはその運用スケジュールが変わることは好ましくないため，第1項のとおり期限前弁済は原則認められておらず，貸付人の承認が必要となります。

第4項は，期限前弁済された元本の充当順位を規定する条項です。上記では，返済期日の到来の遅い元本から順に充当するとしており，最終返済期日が前倒しされることになります。これは貸付人にとっては早期に返済されることから有利で，借入人にとっては不利な条件といえます。この元本充当方法をインバースオーダー（inverse order）と呼びます。借入人にとって有利な条件は，各回返済額の割合に応じて元本を充当する方法で，1 回当たりの返済額が減少する一方，最終期限は変わらないという利点があります。この元本充当方法をプロラタ（pro rata）と呼びます。英文融資契約書の期限前弁済（Prepayment of Loans）に相当します。

第 16 条（借入人による表明及び保証）

借入人は，貸付人及びエージェントに対し，本契約の締結日及び実行日において，次の各号に記載された事項が真実に相違ないことを表明及び保証する。

① 借入人は，日本法に準拠して適法に設立され，かつ，現在有効に存続する株式会社であること

② 借入人による本契約の締結及び履行ならびにそれに基づく取引は，借入人の会社の目的の範囲内の行為であり，借入人はこれらについて法令等及び借入人の定款その他の社内規則において必要とされるすべての手続を完了していること

③ 借入人による本契約の締結および履行ならびにそれに基づく取引は，(a) 借入人を拘束する法令等に反することはなく，(b) 借入人の定款その他の社内規則に反することはなく，また，(c) 借入人を当事者とする，または借入人もしくはその財産を拘束する第三者との契約に反するものではないこと

④ 借入人を代表して本契約に署名または記名捺印する者は，法令等，定款，その他社内規則で必要とされる手続に基づき，借入人を代表して本契約に署名または記名捺印する権限を付与されていること

⑤ 本契約は，借入人に対して適法で有効な拘束力を有し，その各条項に従い執行可能なものであること

⑥ 借入人が作成する報告書等は，日本国において一般に公正妥当と認められている会計基準に照らして正確で，かつ，適法に作成されており，

法令等により当該報告書等について監査を受ける義務がある場合については，必要な監査を受けていること

⑦ ［ ］年［ ］月決算終了以降，当該決算期に係る借入人が作成した報告書等（法令等により当該報告書等について監査を受ける義務がある場合およびその他監査を行った場合には，監査済の報告書等）に示された借入人の事業，財産または財政状態を低下させ，借入人の本契約に基づく義務の履行に重大な影響を与える可能性がある重要な変更は発生していないこと

⑧ 借入人に関して，本契約上の義務の履行に重大な悪影響を及ぼす，または及ぼす可能性のあるいかなる訴訟，仲裁，行政手続その他の紛争も開始されておらず，開始されるおそれのないこと

⑨ 第18条（期限の利益喪失事由）第1項各号または第2項各号に規定する事由が発生しておらず，または発生するおそれのないこと

⑩ 借入人は，以下のいずれにも該当しないこと

(i) 暴力団員等

(ii) その他の関係者

第16条（借入人による表明及び保証）はいわゆる表明保証になります。表明保証は英米法を由来とするものであり，国内の契約書では今まであまり一般的ではありませんでしたが，最近は国内のM&A契約や融資契約で用いられることが多くなりました。表明保証は契約の一方当事者が相手方に対して，契約当事者に関する事実，契約内容に関する事実，契約に関係する事実または企業活動に関する事実等，一定の事実を表明し，かつその内容を保証する条項のことをいいます。通常，融資契約書では融資契約締結時と貸出実行時を基準時点とした表明保証が求められます。表明保証が万一偽りであった場合は，債務不履行事由に該当し，融資契約の締結は無効となり，貸出実行金を含め全額返済が求められることになります。この表明保証は英文融資契約書ではRepresentations and Warrantiesに該当し，重要な条項となります。以下各号について簡単に解説

します。

第1号は，借入人が適法に設立され，存続していること，第2号は，本借入を行うことは借入人会社の目的の範囲内であり，社内の定款等の内規に則って手続されていること，第3号は，本融資契約書を締結することが，借入人に関係する法律に違反するものではなく，社内の定款等の内規に違反するものでもなく，本融資契約書以外の契約に違反しないこと，第4号は，本契約の署名者は借入人を代表する権限を有すること，第5号は，本融資契約が，借入人に対して適法で有効な拘束力を有し執行可能なものであること，第6号は，借入人の財務諸表が公正な会計基準に基づいて作成され必要な監査を経ていること，第7号は，会計監査において借入人の事業財産または財政状態を低下させ借入の返済等に重大な影響を与える可能性のある重要な変更がないこと，第8号は，訴訟等がないこと，第9号は，期限の利益喪失事由がなく，そのおそれもないこと，第10号は，借入人が暴力団等でないこと，を表明保証しています。

英文融資契約書のRepresentations and Warrantiesにおいても同様の条項が記載されますので，覚えておいてください。

第17条（借入人の確約）

(1)　借入人は，本契約締結日以降，借入人が貸付人及びエージェントに対する本契約上のすべての債務の履行を完了するまで，次の各号について自らの費用で行うことを確約する。

①　第18条（期限の利益喪失事由）第1項各号または第2項各号に規定する事由が発生した場合，または発生するおそれがある場合には，直ちにその旨をエージェントおよび全貸付人に報告すること

②　報告書等を作成した場合は作成後速やかに，報告書等の写し［および第5項に規定された事項の遵守状況を確認することができる書面］をエージェントおよび全貸付人に提出すること。報告書等を，日本国において一般に公正妥当と認められている会計基準に照らして正確で，かつ，適法に作成し，法令等により当該報告書等について監査を受け

る義務がある場合については，必要な監査を受けること

③　エージェントまたはエージェントを通じて貸付人が請求した場合は，借入人ならびにその子会社及び関連会社の財産，経営または業況について直ちにエージェント及び全貸付人に報告し，また，それらについての調査に必要な便益を提供すること

④　借入人ならびにその子会社および関連会社の財産，経営もしくは業況について重大な変化が発生した場合，または時間の経過によりかかる変化が発生するおそれがある場合，借入人に関して本契約上の義務の履行に重大な影響を及ぼす，もしくは及ぼす可能性のある訴訟，仲裁，行政手続その他の紛争が開始された場合，または開始されるおそれがある場合は，直ちにその旨をエージェントおよび全貸付人に報告すること

[⑤　[格付機関名] の短期または長期債務格付に変化が発生した場合は(新規に格付が付与された場合または格付が取下げられた場合を含む)，その旨をエージェント及び全貸付人に報告すること]

⑥　前条（借入人による表明及び保証）各号の１つでも真実でないことが判明した場合には，直ちにその旨をエージェントおよび全貸付人に報告すること

(2)　借入人は，本契約締結日以降，借入人が貸付人およびエージェントに対する本契約上のすべての債務の履行が完了するまで，[全／多数] 貸付人およびエージェントが書面により事前に承諾しない限り，本契約に基づく債務を除く借入人または第三者の負担する債務のために担保提供を行わない。ただし，次の各号のいずれかに該当し，かつ，借入人がエージェントに対し担保提供を行う旨を事前に書面により通知する場合はこの限りではない。なお，本条において「担保提供」とは，借入人の資産に担保権を設定すること，または借入人の資産について担保権設定の予約をすることをいい，先取特権および留置権その他法令等に基づき当然に成立するものは除外される。

① 資産取得を目的とする借入金（その借換に係る借入金を含む）につきかかる取得資産を担保提供する場合

② 担保権が設定された資産を新たに取得する場合（合併，会社分割または事業譲渡に伴い既に担保権が設定された資産を取得する場合を含む）

(3) 略

(4) 借入人は，本契約締結日以降，借入人が貸付人およびエージェントに対する本契約上のすべての債務の履行を完了するまで，次の各号を遵守することを確約する。

① 主たる事業を営むのに必要な許可等を維持し，すべての法令等を遵守して事業を継続すること

② 主たる事業内容を変更しないこと

③ 法令等による場合を除き，本契約に基づく一切の債務の支払について他の無担保債務（担保付貸付のうち，担保の換価処分後も回収不足となる債務を含む）の支払に劣後させることなく，少なくとも同順位に取り扱うこと

④ 貸付人の承諾がない限り，組織変更（会社法第2条第26号で定義された意味を有する），合併，会社分割，株式交換もしくは株式移転，その事業もしくは資産の全部もしくは一部の第三者への譲渡（セールアンドリースバックのための譲渡を含む），資本金の額の減少または第三者の重要な事業もしくは資産の全部もしくは一部の譲受のいずれも行わないこと

④ 略

⑤ 略

[(5) 借入人は各年度の決算期および中間期の末日における連結貸借対照表および単体の貸借対照表における純資産の部の金額を［　］円以上に維持することを確約する。]

[(6) ［格付機関名］の長期債務格付が，［　］以上を維持することを確約

する。]

(7) 略

第17条（借入人の確約）は誓約事項とも呼ばれ，英文融資契約書ではCovenantsに相当します。この誓約事項の目的は，借入人の信用力を維持させるために企業の活動に制約を持たせることと，借入人の債務返済能力の不確実性が高まることにつながる兆候を定義し，その兆候を抑える動きを義務付けるためです。この誓約事項違反は，貸付人の債権保全が必要な事由とされるため期限の利益喪失事由に該当します。本条項も各項各号毎に説明します。

第1項は，借入人の貸付人に対する以下の情報提供の義務を定義しています。その第1号は期限の利益喪失事由の発生，第2号は財務諸表などの報告書等，第3号はエージェントから要求された財産，経営，業況に関する情報，第4号は財産，経営，業況について重大な変化が発生した場合の情報（英文融資契約書ではMAE（Material Adverse Effect）またはMAC（Material Adverse Change）と呼びます），第5号は信用格付が格下げされた場合の情報，第6号は，表明保証違反の情報です。

第2項は，借入人が借入人の資産を担保に供することを禁止しています。ただし，以下の各号でその例外を定めています。その第1号では「本件担保」による借入（特定資産を担保にすることを目的に行う借入），第2号では担保の付いた資産を新たに取得する場合は，第2項の例外としています。

第4項は，借入人の信用力維持のための活動制約，および債務返済の不確実性の高まりにつながる判定基準です。その第1号は許認可を維持し，適用法を遵守して事業を継続すること，第2号は事業の変更禁止，第3号は本融資契約の支払順位を他の支払よりも劣後させないこと，第4号は合併や会社分割，資産譲渡，資本金の減少等を行わないことを義務付けています。

第5項は，借入人の純資産を一定額以上に維持する誓約事項です。赤字決算が継続し純資産が減少すると本条の誓約違反につながることなります。財務制限条項の一種です。

第6項は，格付機関による信用格付を一定以上に維持する誓約事項（レーティング・トリガー）です。

英文融資契約書のCovenantsにおいても同様の条項が記載されますので，覚えておいてください。

第18条（期限の利益喪失事由）

(1)　借入人について次の各号に定める事由が1つでも発生した場合には，貸付人またはエージェントからの通知催告等がなくとも，借入人は全貸付人およびエージェントに対する本契約上のすべての債務について当然に期限の利益を失い，直ちに本貸付の元本ならびに利息及び清算金その他本契約に基づき借入人が支払義務を負担するすべての金員を第14条（略）の規定に従い支払う。

①　支払の停止または破産手続開始，再生手続開始，更生手続開始，特別清算開始その他これに類似する法的整理手続開始の申立（日本国外における同様の申立を含む）があったとき

②　解散の決議を行いまたは解散命令を受けたとき（合併に伴って解散する場合を除く）

③　事業を廃止したとき

④　手形交換所の取引停止処分または株式会社全銀電子債権ネットワークによる取引停止処分もしくは他の電子債権記録機関によるこれと同等の措置を受けたとき

⑤　貸付人に対して借入人が有する預金債権その他の債権について仮差押え，保全差押えまたは差押えの命令もしくは通知（日本国外における同様の手続を含む）が発送されたとき，または保全差押えもしくは差押えの命令に係る送達を命じる処分が行われたとき。

(2)　借入人について次の各号に定める事由が1つでも発生した場合には，多数貸付人の請求に基づくエージェントの借入人に対する通知により，借入人は全貸付人およびエージェントに対する本契約上のすべての債務

について期限の利益を失い，直ちに本貸付の元本ならびに利息および清算金その他本契約に基づき借入人が支払義務を負担するすべての金員を第14条（略）の規定に従い支払う。

① 本契約上の債務か否かにかかわらず，借入人が貸付人またはエージェントに対する債務の全部または一部の履行を遅滞したとき

② 第16条（借入人による表明および保証）各号の1つでも真実でないことが判明したとき

③ 前2号を除き，借入人の本契約上の義務違反が発生したとき。ただし，かかる義務違反が解消可能なものである場合（前条第4項第5号（略）または第6号（略）の違反の場合を含まない）には，かかる違反がその違反の日から［　］営業日以上にわたって解消しないときに限る。

④ 借入人が貸付人に差し入れている担保の目的物について差押え［，仮差押え，保全差押えまたは仮処分の命令もしくは通知（日本国外における同様の手続を含む）が発送されたとき］または競売手続の開始があったとき

⑤ 特定調停の申立があったとき

⑥ 借入人が発行する社債について期限の利益を喪失したとき

⑦ 借入人が本契約に基づく債務以外の債務の全部もしくは一部［の履行を遅滞したときもしくはこれらの債務］について期限の利益を喪失したとき，または第三者が負担する債務に対して借入人が行った保証債務につき，履行義務が発生したにもかかわらずその履行ができないとき［(ただし，当該期限の利益を喪失した金額および履行ができない金額の合計額が［　］億円を超えるときに限る)］

⑧ 事業を停止し，事業の停止・廃止を決定し，または所轄政府機関等から業務停止等の処分を受けたとき

［⑨ 借入人が第1回目の不渡りを出し，または借入人に対する電子記録債権につき株式会社全銀電子債権ネットワークによる支払不能の登録が行われもしくは他の電子債権記録機関によるこれと同等の措置が

行われたとき］

⑩　前各号を除き，借入人の事業もしくは財産の状態が悪化し，または悪化するおそれがあり，債権保全のために必要が認められるとき

(3)　略

(4)　略

第18条（期限の利益喪失事由）は，融資契約書で最も重要な期限の利益喪失事由を定める条項で，債務不履行事由とも呼ばれます。英文融資契約書ではEvents of Defaultに相当します。本条に該当すると，借入人は債務の全額返済を求められることになります。先述の個人向けローンの金銭消費貸借契約書の例でも期限の利益の喪失事由を紹介していますが，改めて各項各号毎に詳しく説明します。

第1項は，期限の利益の当然喪失事由です。当然喪失事由とはその言葉のとおりその事由が発生した場合は，借入人が当然に期限の利益を喪失する事由で，借入人の債務履行に重大な影響があり，緊急性を有する事由になります。その第1号は支払停止，破産，更生等の法的整理手続開始の申立等があり，企業が事実上倒産した場合，第2号は解散を決議したり，解散命令を受けた場合，第3号は事業を廃止した場合，第4号は手形交換所で取引停止処分を受けた場合，第5号は借入人の預金債権等の仮差押え等の命令，通知があった場合等，が当然喪失事由となります。

第2項は，期限の利益の請求喪失事由です。請求喪失事由は，当然喪失事由に比べればそれほど緊急性が高くないまでも借入人の債務の履行に影響を与える事態を指します。本事由に該当すると貸付人から借入人に期限の利益を喪失した旨の通知が行われます。したがって，喪失事由を治癒できる可能性があれば，全額返済を猶予される可能性があります。その第1号は債務の支払を怠った場合，第2号は表明保証違反であった場合，第3号は本契約の違反（特に誓約事項違反），第4号は借入人の担保等の仮差押え等の命令，通知があった場合や競売手続の場合，第5号は特定調停の場合，第6号は借入人が発行する社債

について期限の利益を喪失した場合，第7号は借入人の他の債務について期限の利益を喪失したり，保証履行を行えなかった場合（第6号，第7号を合わせてクロスデフォルト（序章で取り上げたもの）と呼びます），第8号は事業を停止したり業務停止等の処分を受けた場合，第9号は手形交換所で不渡りを1回出した場合，第10号は借入人の事業が悪化し，または悪化するおそれがあり，債権保全の必要性がある場合，が請求喪失事由に該当します。英文融資契約書の Events of Default においても同様の条項が記載されますの，で覚えておいてください。

第28条（一般規定）

(1)　守秘義務　略

(2)　危険負担，免責ならびに賠償及び補償　略

(3)　本契約の可分性

本契約の一部条項が無効，違法または執行不能となった場合においても，その他の条項の有効性，合法性及び執行可能性はいかなる意味においても損なわれることはなく，また影響を受けない。

(4)　銀行取引約定書等の適用除外　略

(5)　通知　略

(6)　届出事項の変更　略

(7)　資金決済　略

(8)　計算　略

(9)　公正証書の作成　略

(10)　権利の存続

エージェント及び貸付人が本契約により定められた権利の全部もしくは一部を行使しないことまたは行使の時期を遅らせることがあっても，それにより，エージェント及び貸付人が当該権利を放棄したものまたは借入人の義務を免除もしくは軽減したものとは解されず，エージェント及び貸付人の権利にいかなる影響も与えないものとする。

（11） 準拠法及び合意管轄

本契約の準拠法は日本法とし，本契約に関して発生する紛争については，［東京地方裁判所］を非専属的合意管轄裁判所とする。

（12） 言語　略

（13） 協議事項　略

第28条は一般規定です。一般規定の中で重要な条項である「本契約の可分性」，「権利の存続」，「準拠法及び合意管轄」を説明します。

第3項の本契約の可分性とは，本契約書の一部が無効，違法または執行不能となってもその他の部分は有効であるとするものです。英文融資契約書では分離条項（Severability）と呼ばれます。

第10項の権利の存続は権利放棄条項とも呼ばれ，貸付人が借入人による本契約の履行を要求する等の権利を行使しない（または遅らせる）としても，その権利そのものを失うことにはならず借入人の義務を免除，もしくは軽減したこととはならないことを，また，貸付人が権利を放棄してもそれはその場面だけのことであり，再度その権利を行使できる条件が満たされた場合には改めてその権利を行使できるということを意味します。英文融資契約書では，権利放棄（Waivers または No Waiver）と呼ばれます。

最後に，第11項の準拠法及び合意管轄については，準拠法はどの法律によって本契約を解釈するかを定めています。また合意管轄については，トラブルが生じ裁判となった場合の裁判所を指定するもので，ここでの非専属的合意管轄裁判所とは，当事者が事前に合意した裁判所の管轄権を認めるものの，その他の裁判所から管轄権を排除するわけではないという意味です。したがって，ここでは東京地方裁判所を合意管轄裁判所とするものの，その他の裁判所も使えるため迅速に対応することができます。英文融資契約書では，準拠法（Governing Law）および裁判管轄（Jurisdiction）と呼ばれます。いずれも英文融資契約書の一般規定においても同様の条項が記載されますので，覚えておいてください。

Column　ファーストドラフト

「ドラフト」と聞くとプロ野球球団が将来有望な新人選手を指名し，入団交渉権を獲得するドラフト（Draft）会議を思い起こしますが，ここでのドラフト（Draft）とは，契約書の原案，草案のことです。融資契約書を作成するためには，貸付人または借入人の契約当事者のどちらかが，融資契約書のドラフトを提示することになります。

このドラフトは契約当事者間の交渉の出発点となる契約原案であり，そのドラフトを基に双方が修正し合うことになることから，別名「ファーストドラフト」とか「たたき台」とも呼ばれます。たたき台である以上，契約当事者双方がどのように修正を求めてもよいので，そのドラフトはどちらが作成してもよいと思われるかもしれませんが，一般的にはファーストドラフトを提示した方が有利（先手必勝）となります。なぜなら，融資条件面等で基本的には提示側に有利な観点で作成されているからです。さらに，その当事者が過去に締結した融資契約に倣って作成され，その当事者の内部の法務審査や社内決裁が通りやすくなるようにドラフトされている場合が多いです。そのため提示を受けた側がそのドラフトの修正を求めると拒絶される可能性が高く，敵地（アウェイ）で戦いを始めるようなもので，ハードルが高くなることは想像がつくと思います。したがって，融資契約書に限らず，契約書のドラフトを契約当事者のどちらが提示するかは，契約交渉上重要なポイントです。

第2章

英文融資契約書の構成

SECTION 1

英文融資契約書の雛形

本章からいよいよ英文融資契約書の内容に入っていきます。英文融資契約書を英語ではLoan Agreement（略してL/A），Facility Agreement，Credit Agreementなどと呼称します。なお，本章からは貸付人を「レンダー」と，借入人を「ボロワー」と呼ぶこととします。

英文融資契約書は種々さまざまな様式があります。融資か保証といった与信形態の違いや，タームローンと呼ばれる長期融資なのか，リボルビングと呼ばれる短期融資なのか，担保の有無などによって，融資契約書の様式が大きく異なります。レンダーである銀行は各行独自の英文融資契約書の様式（雛形）を持っており，その銀行1行とボロワーとの1対1との関係における融資の場合は，当該雛形を基に英文融資契約書が作成されるケースが多いようです。また，弁護士事務所が保有する英文融資契約書の雛形を使うこともあります。この場合，銀行側につく弁護士事務所の雛形を用いるか，ボロワー側につく弁護士事務所の雛形を用いるかが議論となることがあります。なぜなら，雛形とはいえ契約書の草案となりますので，その草案（ドラフト）を起案する権利を持つことによって，契約交渉を優位に進めることができるからです（第1章の**Column**参照）。ただし，現実には大抵の場合，貸手である銀行側につく弁護士事務所の雛形もしくは同様の融資取引の契約書を使って，当該事務所所属弁護士がドラフトし，商務条件等を書き加えて，ボロワーに草案を提示します。

一方，レンダーである銀行とボロワーの1対1の借入ではなく，複数の銀行とボロワーとの融資となる場合は，国内外の各種団体で作成された標準契約書の雛形を用いることがよくみられます。特に融資金額の大きいコーポレートファイナンスやプロジェクトファイナンス，不動産証券化や船舶ファイナンス，M&Aなどでは1つの銀行だけでは融資に対応できないため，複数の銀行が協調して同一手続にすることで，ボロワーの事務管理コストを低減するとともに，レンダー側の信用リスクの分散を図ることが可能となります。複数のレンダーが協調して，1つの融資契約書に基づき同一条件で融資を行う資金調達手法をシンジケートローンと呼びますが，このシンジケートローンのための標準契約書を下記の米・欧州・アジアの中立的な団体が作成・公表しています。

・LSTA（Loan Syndications and Trading Association）（米国での利用が多い，米国法）
・LMA（Loan Market Association）（欧州中心に用いられる，英国法）
・APLMA（Asia Pacific Loan Market Association）（アジアの案件で利用される，LMAに類似）

現代の大規模なシンジケートローンは，ほとんど上記の雛形を基に契約書が作成されています。LSTAとLMA・APLMAの雛形の違いは，章立ての方法や章のタイトルなどであり，内容的にはほぼ同一と考えてよいと思います。本書はLSTAをベースとした英文融資契約書を解説していきますので，LSTAの章立てでみたときのLMA・APLMAとの比較を**【図表6】**に示します。

以下，本書はLSTAの雛形に準じたタームローン（長期融資）契約に基づき解説を進めます。**【図表7】**は英文融資契約書（LSTA雛形）の各章（ARTICLE）を，本書ではどの章やSECTIONで解説しているかを示したものです。

【図表7】中の，「ARTICLE III. Representations and Warranties（表明保証）」は，第1章 **SECTION 3** 国内融資契約書例で紹介したタームローン契約書（JSLA 2019年版）の第16条（借入人による表明および保証）と同等の内容になります。この逐条解説は本書第5章を参照してください。

また,「ARTICLE V. Affirmative Covenants(肯定的誓約事項)」および「ARTICLE VI. Negative Covenants（否定的誓約事項）」は，同タームローン契約書では第17条（借入人の確約）に相当します。同じく本書第4章で逐条ごとに解説しています。

さらに，「ARTICLE VII. Events of Default（債務不履行事由）」は，同タームローン契約書では第18条（期限の利益喪失事由）が該当します。この逐条解説は本書第3章にあります。

【図表6　LTSA の章立てでみたときの LMA・APLMA との比較】

項　目	LSTA の例（本書の章立て）	LMA・APLMA の例
定義・解釈	I. Definitions	1　Interpretation
融資	II. The Credits	2　The Facilities
実行		3　Utilisation
返済，期限前弁済，解約		4　Repayment, Prepayment and Cancellation
利息，手数料		5　Cost of Utilisation
追加支払義務		6　Additional Payment Obligation
貸出先行要件	IV. Conditions to Credit Events	2　The Facilities
表明保証	III. Representations and Warranties	7　Representations, Undertakings and Events of Default
誓約事項	V. Affirmative Covenants VI. Negative Covenants	7　Representations, Undertakings and Events of Default
債務不履行事由	VII. Events of Default	7　Representations, Undertakings and Events of Default
当事者の変更		8　Changes to Parties
幹事銀行	VIII. The Agents	9　The Finance Parties
一般条項・管理	IX. Miscellaneous	10　Administration
準拠法・執行		11　Governing Law and Enforcement

第3章から第5章の英文融資契約書の各条文を読み進める中で，英文による条文の意味や意図が分かりにくい場合は，同タームローン契約書の日本語による条項に立ち戻って契約内容を確認するとよいと思います。

上記以外の，「ARTICLE I. Definitions（定義）」，「ARTICLE II. The Credits（融資）」，「ARTICLE IV. Conditions to Credit Events（貸出先行要件）」，「ARTICLE VIII. The Agents（幹事銀行）」，ARTICLE IX. Miscellaneous（一般条項・管理）については，**【図表7】**に示したとおり，本書第2章の以下の **SECTION 2～7** において，主な条項について解説します。

【図表 7　LTSA の章立てと本書での解説箇所】

LSTA の章立ての例	章のタイトル	日本語訳	本書での解説箇所
ARTICLE I.	Definitions	定義	第 2 章 SECTION 2
ARTICLE II.	The Credits	融資	第 2 章 SECTION 3，4
ARTICLE III.	Representations and Warranties	表明保証	第 5 章 SECTION 1～5
ARTICLE IV.	Conditions to Credit Events	貸出先行要件	第 2 章 SECTION 5
ARTICLE V.	Affirmative Covenants	肯定的誓約事項	第 4 章 SECTION 1～7
ARTICLE VI.	Negative Covenants	否定的誓約事項	第 4 章 SECTION 8～13
ARTICLE VII.	Events of Default	債務不履行事由	第 3 章 SECTION 1～9
ARTICLE VIII.	The Agents	幹事銀行	第 2 章 SECTION 6
ARTICLE IX.	Miscellaneous	一般条項・管理	第 2 章 SECTION 7

SECTION 2

定義

1　定義（Definitions）

英文融資契約書の最初の章は，「ARTICLE I. Definitions（定義）」になります。この Definitions の章は，本契約書で使われる特定の意味を表す語句を辞書的に列挙したものです。この定義を定めることにより，説明の繰り返しをなくし，契約内容の誤解や矛盾を防止することができます。Definitions（定義）の章は日本の契約書にはあまり馴染みのない英文契約独特のものですが，英米法特有の明確さや網羅性を求めることが背景にあると思われます。

定義された語句は，頭文字が大文字となりますので，文中であっても頭文字が大文字の語句はこの Definitions の章で定められる特定の意味を示します。逆に小文字で始まる語句は一般的な意味を示します。契約書を読む過程において，頭文字が大文字の語句が出てくれば，この Definitions の章でその語句の意味を確認する必要がありますので習慣付けましょう。ややこしいのですが，この定義の説明の中に改めて頭文字が大文字で始まる語句が出てくる場合がありますが，その際は面倒でもさらにその大文字の語句の定義に遡る必要があります。

また，この Definitions の章で語句の意味が特定されるだけでなく，その語句に関連した説明が詳述され，この章で契約内容が完結する場合もありますので，注意が必要です。特に金利や担保などは，この章で説明が完結している場合があるため，しっかり読み込んでおく必要があります。

この章で定義として定められる語句の一例は次のとおりです。

"Knowledge" means the knowledge of any Person having responsibility for the management, construction or operation of the Borrower or the Project following a reasonable inquiry.

（直訳）「認識」とは，合理性のある調査の後，ボロワーまたはプロジェクトの運営，建設，操業に責任のある立場の主体の認識を意味する。

適切な調査を経たのち責任のある立場の人物が持つ認識のことを，（本契約書で定める特定の）「認識」と定義しています。具体的な例で説明すると，ボロワーはボロワーないしプロジェクトに関する重要な情報をレンダーに通知する義務を負っていますが，その重要な情報を「誰」が知ったものとするかを定めるために，この大文字で始まる Knowledge を使用することで，本契約上定義されている「認識」，すなわち運営，建設，操業に責任のある立場の主体が所持する認識と定義している訳です。

また，この定義内の Person，Borrower，Project，はすべて頭文字が大文字です。したがって，それぞれ特定の意味が本章の定義で定められていますので，その定義を参照しなければなりません。

なお，本書第 3 章以降の条文内で，定義されている用語（大文字で始まる単語）が出てきます。直訳では定義に照らした日本語訳を行っていますが，定義そのものの英文の条文は省略しています。

2　解釈（Interpretation）

特定の意味を定める語句の「定義」のほかに，「解釈（Interpretation）」の規定が設けられることがあります。解釈とは，小文字で始まる一般名詞にも特定の意味を設けるもので，語句の解釈（Interpretation）に争いが起こることを未然に防ぎます。

解釈の一例は次のとおりです。

“assets” includes present and future properties, revenues and rights of every description;

（直訳）（本契約書における）「assets」とは，あらゆる記述における現在・将来の資産，収入，権利を含むものとする。

解釈は，定義と違って当該融資契約書固有の意味を示すものは少なく，融資契約書で定型的に用いられているものが多いようです。

このDefinitionsの章では，定義や解釈をABC順に辞書形式でまとめていますが，比較的短い融資契約書では，契約書の各条項内に定義や解釈を記載することがあります。日本語の契約書でいえば，「株式会社○○○（以下，「当社」という）」と同じ手法です。この記載による定義ですと，定義された後で出てくる頭文字が大文字の語句はその定義がどこに記載されているかを探すことに苦労することになります。やはり，ABC順の辞書形式で定義を独立させる方が，利用者に優しいドキュメンテーションといえましょう。

SECTION 3

主要融資条件（与信額，与信種類，金利）

定義の章が終わりますと，いよいよ英文融資契約書の本題に入り，冒頭は「ARTICLE II. The Credits」というタイトルの章となって，本融資の形式要件を説明しています。LMA・APLMA においては The Facilities と称される場合もあります。基本的には国内での融資の形式要件と同じですが，英文融資契約書には海外特有な融資形態が記述されますので，その点を中心に解説します。

1　与信枠（Commitments）

与信枠（Commitments）とは，レンダーが融資契約書においてボロワーに貸出を行う総計金額のことです。言い換えればボロワーが借入可能な最大額になりますが，最初から最終期限までこの最大額の借入を続けることができるわけではありません。

与信には大きく長期融資（Term Loan）と短期融資（Revolving Loan）および，短期融資に類似する銀行信用状（Letter of Credit：L/C）があります。Term Loan は一旦借入を行うとその後は返済のみを行う融資で，設備投資をその主な使途とします。Revolving Loan は一定限度額まで借入と返済を繰り返すことができる融資で，運転資金をその主な使途とします。Letter of Credit は融資ではなく保証です。ボロワーはレンダーに銀行信用状の発行を依頼し，商業取引上ボロワーの保証状を必要とする取引先等にその銀行信用状を差し入れることで，ボロワーの保証状に代えるものです。

このように，1つの Commitment の中で性質の異なる与信が行われますが，その合計最大額が Commitment 額になります。また，Term Loan，Revolving Credit 等，同じ種類の与信をファシリティ（Facility）という「括り」で呼びます。

この Commitment の項では，それぞれの Facility がどのように計算され

Commitmentの総額を形成するかが述べられます。

2　融資方法（Loans and Borrowings Generally）

本条項では各Facilityでの借入の手法が述べられます。Term Loanの場合は借入可能な期間が決まっており，それを貸出可能期間（Availability Period）と呼びます。Revolving Loanの場合は，Revolving Loanの貸出枠（極度枠）の金額やその極度枠が設定される期間が規定されます。そのほか，レンダーが複数のFacilityをまたがって融資する際の規則などが述べられます。

3　信用状（Letters of Credit）

Commitmentで述べたとおり，Letters of Creditは現金の融資ではなく銀行保証状の発行を行うものであり，手続が融資よりも複雑になります。なぜなら銀行保証状の発行は短期融資の実行と類似していますが，銀行保証状は保証状差入先の請求により現金化されることがあるからです。現金化とはボロワーが保証状差入先に対して契約違反等を引き起こした場合に発生し，レンダーが保証履行を行うことです。これによってレンダーはボロワーに対し保証履行金額の返済を求めることになります。なお，Letters of CreditはRevolving Loanと同様に，貸出枠（極度枠）の範囲内であれば，銀行信用状の発行と返還を繰り返すことが可能です。銀行信用状の発行はシンジケーションに参加するすべての銀行ではなく，限られた銀行で行われることが多いです。その場合であっても，シンジケーションに参加するすべての銀行でその与信を応分に負担する仕組みが採られます。

4　手数料（Fees）

Feeの条項では，主にCommitment FeeとAgent Feeについて定められます。

Commitment Fee は Revolving Credit の貸出枠（極度枠）をレンダーが設定し，その貸出枠（極度枠）の中で融資が実行されていない部分について Commitment Fee が生じるものです。Term Loan においては，融資上限のうち未実行の部分について Commitment Fee が生じます。未実行の部分の貸出枠（極度枠）は貸出のスタンバイ状態であることを意味するため，Commitment Fee の支払が必要となります。

Agent Fee は，エージェントバンクの管理手数料です。レンダーとボロワーとの間での資金授受の管理やボロワーの担保管理等を行う幹事銀行をエージェントバンク（またはエージェント）と呼びますが，そのエージェントへの手数料が Agent Fee です。通常は Fee Letters という別途の契約書でその料率などを定め，後刻，手数料率の変更等があった場合はボロワーとそのエージェントだけで契約変更できるようにしておくことが多いです。

5　利息（Interest）

利息の条項では，適用利率の決定方法が定められます。長期融資である Term Loan であっても適用利率は一定期間（3 か月，6 か月）毎に変動します。その度ごとに参照する市場金利を定め，それに一定のスプレッドを乗せて適用利率を決定します。ドル建ての場合，日割り計算は 1 年を 360 日として計算されます。極めて事務的な内容ですが，手続の説明になりますので記載が複雑になることがあります。

6　増加費用（Increased Costs）

レンダーの都合により，上記の Fee や利息以外の費用をボロワーに負担させる条項です。レンダーの都合とは，準備預金制度（受入れ預金等の一定比率（準備率）以上の金額を中央銀行等に預け入れることを義務付ける制度）の準備率の増加や，BIS 規制等で求められる銀行の自己資本比率の増加があった場合，銀行の資金調達コストが上がることを指し，そのコスト上昇分をボロワーに転嫁することを定めています。ボロワーにとっては，レンダー側の事情により借入コストが上がることになるわけですが，融資契約書においては通常受け入れざるを得ない条項となっています。コストの上昇するレンダーを他のレンダーに交代させることをボロワーに認めるケースもあります。

7　グロスアップ条項（Taxes）

Taxesというタイトルですが，利子に係る源泉課税（Withholding Tax）のグロスアップを定めている条項です。グロスアップ条項とは，融資契約書上の借入利息が10,000ドルで，ボロワーが20％の利子に係る源泉徴収義務を負う場合，ボロワーがレンダーに支払う金額が8,000ドルになってしまうため，レンダーの受取額が10,000ドルになるように利息債務を12,500ドルに増額するように規定するものです（12,500×80％＝10,000ドル）。英文融資契約書上では次の表現で定義されます。

（条文例）Any and all payments by Borrower shall made free and clear and without deduction for any withholding Tax.

8　違法性（Illegality）

ここでの違法性とは，あるレンダーが何らかの事由でボロワーに対して融資の継続ができなくなった場合，ボロワーは期限前弁済を強制されるため，他のレンダーに借り換えることを規定するものです。融資の継続ができなくなる事態とは，レンダーの所在国の金融規制当局の要請や外国為替法によりボロワーの所在する国向けの融資が禁止される場合や，レンダー自身の融資取引方針として当該国への融資を停止したり，そもそも海外向け融資取引から撤退したりする場合などが想定されています。

9　与信枠の解約と減額 (Termination and Reduction of Commitments)

ボロワーが未貸出の与信枠の解約や減額をする規定です。前述のとおり未貸出の与信枠には Commitment Fee の支払が必要ですので，ボロワーが今後借入の必要がないと判断すれば，解約や減額を求めることができるようにしています。

SECTION 4

貸出・返済方法

ここでは，ARTICLE II. The Creditsのうち，融資の貸出方法，返済方法について述べる条項を説明します。

1　借入申込（Requests for Borrowings）

借入申込とは，融資契約書を締結した後，実際の貸出を受ける際に，ボロワーからレンダーへ提出する申込書を提出することです。複数の銀行から組成されたシンジケートローンの場合，エージェントが借入申込を受け付けた後，シンジケートローン各行へ貸出金額や決定金利などの連絡を行う必要があるため，借入申込書の提出は貸出実行希望日の何日前迄という規定が定められています。貸出は1回の貸出毎に最低1百万ドル以上でかつ0.5百万ドル単位で，1か月に最高2回まで（いずれも例），などと事務的に細かく定められます。なお，貸出に当たっては，次のSECTION 5で説明する貸出先行要件を充足しておく必要があります。

2　元本返済（Repayment of Term Loans and Revolving Loans）

長期融資（Term Loan）における元本の返済方法は大きく分けて3種類あります（【図表8】）。1つ目は約定返済によって徐々に融資残高を減少させ最終的に残高ゼロとする返済方法で，フルアモチと呼ばれます。2つ目は返済期限に一括して返済する方法で，ブレットと呼ばれます。3つ目は約定返済をしながらも，残り残高を一括して返済する方法でバルーンと呼ばれます。融資の資金使途に応じた形で返済方法が選択されます。固定資産の設備投資の場合は，設備

【図表8】

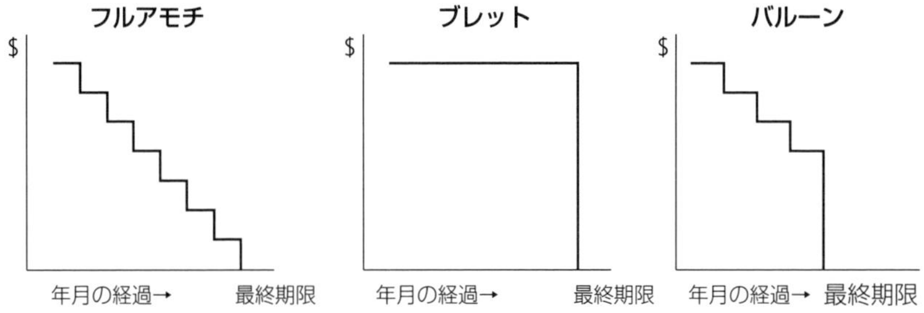

から生まれる利益を基に融資残高がゼロになるまで徐々に返済していくフルアモチが採られます。社債発行のように借り換えることを前提に途中での返済を行わない場合は，ブレットを採用します。レンダーが一定年限以上の融資をできない場合はバルーンとし，最終期限でブレットと同様に借換えを行うことになります。

3　期限前弁済（Prepayment of Loans）

期限前弁済とは，融資契約書で定められた返済期限よりも前に返済を行うものです。ボロワーの都合で期限前に返済する任意期限前弁済（Voluntary Prepayment）とボロワーのキャッシュフローに余剰がある場合などの融資契約書上の規定により行う強制期限前弁済（Mandatory Prepayment）があります。任意期限前弁済は期限前弁済フィーと金利固定契約の解約費用が原則必要となります。期限前弁済した元本は，約定返済元本に均等に充当するプロラタ（pro rata）がボロワーに有利となります。一方，レンダーはインバースオーダー（inverse order）という期限前弁済元本を最終期限の返済元本から充当していく方法を希望します。最終返済期限を前倒しし，信用リスクを減じることができるためです。

SECTION 5

貸出先行要件

「ARTICLE IV.（Conditions to Credit Events）」は，貸出先行要件と呼ばれる，初回ないし2回目以降の貸出前提条件のことです。章題はConditions to Credit Eventsのほかに，Conditions，Conditions Precedent，Conditions of Utilisationと称される場合もあります。

1　貸出先行要件とは

貸出先行要件で必要となる条件は，融資契約書の調印はもちろんのこと，表明保証の確認，当事者関係者との各種契約締結，政府許認可，口座開設，担保保全，レンダー側・SPC側の法律意見書の提出などを完了させることです。これらは融資契約書に記載されている融資条件を実際に確認する作業であり，融資契約書の締結により貸出の義務を負っているレンダーが，貸出のための最後の確認として必要なもので，レンダーの債権保全のために必須となる重要な要件です。

2　貸出先行要件の充足には時間を要する

融資契約書が締結できているにもかかわらず，初回貸出にハードルがあるとは普通思えませんが，貸出先行要件を充足するための手続には時間を要することが多く，場合によっては3か月程必要となる場合があるため，準備は入念に行うべきです。

融資契約書調印後は1日も早く貸出実行を受けたいと考えますので，貸出先行要件の対象数をなるべく少なくした方がボロワーに有利です。貸出先行要件の設定は弁護士主導で進められる面があるので，ボロワーから意見を述べて必要最小限の項目数としたいところです。

特にプロジェクトファイナンスの場合，貸出先行要件は多岐にわたりますので，しっかりとスケジュールを立て期日管理していかなければ，いつまでたっても初回の資金交付を受けられません。初回の資金交付が実現しないと，EPC（Engineering Procurement Construction）コントラクターに対し，着工指示（Notice to proceed）が出せず，プロジェクトの完工が遅延してしまいます。

貸出先行要件充足の遅延の発生原因になりやすいものを挙げますと，下記があります。

① 現地当局による許認可関係手続

② 担保設定，登記手続

③ 法律意見書の作成

上記①②は，現地国での管轄当局の事務が遅いことや，登記制度等の整備が遅れていることが背景に考えられます。遅延を防ぐためには当局に督促することが大事ですので，もし現地側のスポンサーが存在する場合はそのサポートを依頼することや，コンサルタントや弁護士を使うことも考えるべきです。上記③の法律意見書が遅れる背景は，多くの貸出先行要件個々の確認に時間を要するためです。実務的には充足していても法律的には未達ということがあり，弁護士との緊密に相談することが大事です。

万一，貸出先行要件のうちどうしても充足できない要件が明らかになった場合は，早めにレンダーに相談します。なぜなら，レンダーが貸出先行要件の一部を権利放棄（Waive）するには，レンダーの意思決定が必要となり時間を要するからです。

なお，貸出先行要件には，初回貸出先行要件（First Credit Event）と毎回貸出先行要件（All Credit Events）があり，通常，貸出先行要件とは，First Credit Eventのことです。ちなみに，First Credit Eventが充足し初回貸出が実行できる段階をFinancial Close（FC）と呼びます。2回目以降の貸出先行要件はAll Credit Eventsのみの充足となるため基本的には表明保証の確認が中心となり，First Credit Eventのときよりも充足必要項目が少なくなり手続が楽になります。

SECTION 6

幹事銀行

複数のレンダーが協調して1つの融資契約書に基づき同一条件で融資を行うシンジケートローンでは，レンダー間でのさまざまな取り決めがなされるところ，ARTICLE VIII. The Agents（LMA・APLMA においては The Finance Parties）において，そのルールが規定されます。

ここでは，レンダーの業務を代表して担当する幹事銀行（エージェントと呼ぶ）の役割を定めています。エージェントの役割の例としては，①貸出の際，各レンダーの貸付金を取りまとめてボロワーに貸与すること，もしくはボロワーからの返済資金や利息を各レンダーへ配分すること，②レンダーが債権者としての権利を行使するか否かは，全レンダーの多数決または全員一致の合意をもって行われますが，その取りまとめと，実際の権利行使についてレンダーを代表して行うこと，③ボロワーとの各種事務やり取りを一元的に管理し，各レンダーに通知することなどが挙げられます。エージェントにはボロワーが先述の Agent Fee（管理手数料）を支払います。

SECTION 7

一般条項

一般条項とは，英文融資契約書に限らず，英文契約書に定められることが一般的である条項という意味です。一般的であるということは，どの英文契約書にも共通する重要な条項であるわけで，正しく理解しておく必要があります。英文融資契約書においては，契約の最後の部分に位置するMiscellaneousや，Administrationという章に記載されているが多いようです。特に日本の契約書では馴染みの薄い条項を列挙します。

1　完全合意事項（Entire Agreement）

英米法においては口頭証拠排除原則が認められており，口頭もしくは本契約書締結以前に交わした書面による了解事項等はすべて本契約書に記載されており，逆にいえば本契約書に記載されていない本契約書締結以前の口頭合意や書面合意は無視されるという規定です。したがって，本契約書締結後に本契約を変更するには両者の合意のもとで書面で行われます。

2　準拠法（Applicable Law，Governing Law）

準拠法は国内の契約書でもお馴染みですが，準拠法を日本法とすることで思考が止まります。しかし，英文融資契約書はクロスボーダー取引（契約当事者が国をまたぐことになる取引）となることがほとんどであるため，どこの国の法律に基づいて契約を解釈するかを決めることの重要性はお分かりかと思います。基本的には自国の法律を準拠法とすべきところですが，大抵の場合自国でも相手国でもない第三国で，かつ先進国の法律を準拠法とすると合意することが多いです。なぜなら，先進国の法律であれば当事者の一方だけが不利に扱われる可能性が低く，弁護士事務所の数も多くレベルも高いからです。プロジェクトファイナンスでは，英国法か米国の各州法（ニューヨーク州法など）が準拠法にされ，英国法とニューヨーク州法の差異はないといわれています。

3　裁判管轄（Jurisdiction）

準拠法とセットとなるのが，裁判管轄（Jurisdiction）です。本契約での紛争をどこの裁判所で提訴するかを定めるものです。プロジェクトファイナンスの場合は，準拠法が適用されている国や州の裁判所管轄を合意とするケースが多いです。裁判管轄に代えて仲裁（Arbitration）を紛争解決（Dispute Resolution）の手段と定めることもあります。裁判と仲裁の違いは，裁判官は選べないが仲裁人は原則的に選ぶことが可能であること，裁判は三審制ですが，仲裁は1回の審議であることです。また裁判は公開されますが，仲裁は非公開で行われます。また，裁判の後に仲裁で争うことはできず，逆も原則同じです。どちらも時間とコストがかかりますが，融資契約の内容に応じて合意すべきこととなります。

4　権利放棄（Waivers，No Waiver）

権利放棄条項は一見難解ですが，一旦理解すればさほど難しくありません。1つは契約上の権利を行使しなかったとしても，その権利そのものを放棄するわけではないということと，もう1つは契約上の権利を放棄したとしても，それはその場限りであり改めて権利行使することは妨げられないというものです。例えばボロワーが債務不履行事由に該当していた場合，レンダーは即座に必ず期限の利益の喪失を宣言するとは限らないため，前者の定めによる確認を行っているものです。後者は権利の重畳性に関連するもので，損害賠償の請求や差止請求はそれぞれ独立した別の権利の手段と考えるからです。

5　修正変更（Amendments）

完全合意事項（Entire Agreement）で言及しましたが，本契約書締結後，契約書を修正するには両者の代表者による署名による書面での合意が必要であるという条項です。

6　分離条項（Severability）

本契約書の一部が違法・無効であったとしても，その他の条項には影響を与えないとするものです。契約書は一体性が求められますが，一部が違法・無効であるだけで，契約書全体が違法・無効とすると混乱を来すため分離条項を設けます。

7　秘密保持（Confidentiality）

秘密保持契約と同等の意味を持つ条項です。融資契約書ではボロワーに関する情報をレンダーが秘密保持する義務を定めています。秘密保持契約同様，ボロワーの情報を開示してよい場合（すなわち秘密保持の例外）を定めていますが，ボロワーとしてはその例外が許容できるものかどうかを吟味する必要があります。

8　見出し条項（Headings）

例えば，「Section X.X Events of Default.」のように，各章や各条項の文頭に書かれる見出しは，あくまで参考の為に記載されたもので，本契約の一部とはならず，本契約の解釈等にも影響を与えないとするものです。見出しは英文融資契約書を読みこなす上で非常に有益ですが，契約の建付け上はこのように解釈されます。本書第3章以降では見出し条項部分には下線を引いています。

SECTION 8

コーポレートファイナンスとプロジェクトファイナンス

第3章以降で，英文融資契約書の債務不履行事由・誓約事項・表明保証の条文例を具体的に列挙していきますが，その融資契約は基本的にプロジェクトファイナンスの英文融資契約書の条文例を用いることとします。その理由はプロジェクトファイナンスの英文融資契約書が融資契約書の中では最も多様な要素が組み込まれたものとなっているからです。

1　プロジェクトファイナンスとは

プロジェクトファイナンスとは，特定のプロジェクトがボロワーとなる借入形態のうち，債務返済のための原資が当該プロジェクトから生み出されるキャッシュフロー（現金収支）に依拠し，担保はボロワーの資産に限られ，原則として親会社等からの債務保証を必要としない資金調達のことです。プロジェクトファイナンスを利用して資金調達するプロジェクトの例は，IPP（Independent Power Producer：独立系発電事業者），LNG（Liquefied Natural Gas：液化天然ガス施設），鉱山開発，石油精製，石油化学，鉄道，道路，橋などです。インフラストラクチャーや資源関連設備等の，長期間にわたって投資回収を行うプロジェクトに用いられます。

プロジェクトファイナンスでは通常，新たに事業を始めるための事業会社である特別目的会社（SPC：Special Purpose Company）を設立し，そのSPCが借入主体となります。SPCは過去の業績を持たず，将来的にも不安定・不確実な存在ですので，SPCを設立する親会社（スポンサー）がSPCの借入の返済に責任を持つ（債務保証する）こと，すなわちスポンサーがSPCの保証人になることが通常求められます。ところが，プロジェクトファイナンスではスポンサーの債務保証が必要とされないのです。プロジェクトファイナンスでは，SPCの債務返済のための原資（返済原資）が，SPCが運営するプロジェクトによって生み出されるキャッシュフローで十分に賄うことができるように予め仕組んであるため，スポンサーに返済の肩代わりしてもらうことを想定しなくとも，SPCが返済不能に陥らないように，ありとあらゆる手段や工夫が講じてあるのです。この手段や工夫のことを専門的にはセキュリティーパッケージと呼びます。プロジェクトファイナンスでの返済原資はSPCのキャッシュフローであり，そのキャッシュフローはストラクチャリングによってどんな事態になろうと確実に創出されるようにしてあるのです。なぜならば，SPCは，信用力のある関連当事者によって強力な契約で支えられているからです。例えば，建設会社はEPC（Engineering Procurement Construction）契約（設計調達建設契約）に基づきSPCの工事を完工させる義務を負っており，工場を持たないSPCであっても，工場は予定どおり完成し操業を始めることができます。原燃料供給会社は原燃料供給契約に基づき，SPCが必要とする原燃料をフォーミュラどおりの価格で供給する義務を負っており，製品引取者はオフテイク契約に基づき，予め約束された数量と製品価格で製品を引き取る義務を負っており，それらによりSPCは売上と費用が確定でき，確実に利益とキャッシュフローを得ることができるわけです。

したがって，融資契約書においては，SPCが想定どおり完工を迎え，予定どおり操業を開始し，計画どおりのキャッシュフローを創出するよう，SPCの企業活動が想定外とならないよう制約し，さまざまな縛りを設定します。その縛りが，プロジェクトファイナンス特有の債務不履行事由，誓約事項，表明保証になるわけです。

2　コーポレートファイナンスとは

プロジェクトファイナンスに相対する概念はコーポレートファイナンスです。ここでいうコーポレートファイナンスとは，事業に必要な資金を金融機関や金融市場から調達するという狭義の意味です（すなわち資本（エクイティ）調達を含みません)。プロジェクトファイナンスの場合，新たに設立されるSPCがボロワーになりますが，コーポレートファイナンスでは，ボロワーの企業信用力，言い換えると当該企業の過去の業績（トラックレコード）を踏まえた将来の企業価値に依拠して融資が行われます。したがって，第1章で述べたような財務諸表による定量分析とコスト競争力や営業力などの定性分析を踏まえて融資条件が決定されます。国内融資のコーポレートファイナンスではボロワーから担保を徴求するケースが多いですが，海外の融資では担保管理や担保実行に不確実性が伴うため，無担保融資が基本です。したがって，債務不履行事由や誓約事項，表明保証が精緻に定められ，その遵守が定期的，継続的，厳密に求められます。とはいえ，プロジェクトファイナンスの場合よりも債務不履行事由や誓約事項，表明保証は緩やかであるケースが多いです。

次章以降では，コーポレートファイナンスとプロジェクトファイナンスにおける債務不履行事由，誓約事項，表明保証の各条項を説明していきますが，コーポレートファイナンスでは通常用いられないプロジェクトファイナンス特有の条項は**プロジェクト**という表記を行い，コーポレートファイナンス特有の条項は**コーポレート**という表記を，プロジェクトファイナンスでもコーポレートファイナンスのどちらでも用いられる条項は**コーポレート**，**プロジェクト**の双方を表記します。ただし，両者の類別は一般的な案件による類別の目安であり，**プロジェクト**とされていても，コーポレートファイナンスでも使われることもありますし，**コーポレート**とされていても，プロジェクトファイナンスに用いられるケースもあります。

3　プロジェクトファイナンスにおける融資関連契約書類

プロジェクトファイナンスに関する融資契約書は，通常の融資契約書LA（Loan Agreement）一本ではなく複数のさまざまな融資関連契約書（ファイナンスドキュメンツ）から構成されます（【図表9】）。なぜ一本の融資契約書ではなく多岐にわたるのかというと，シンジケーション等によってレンダーの数が多

【図表9　プロジェクトファイナンスで用いられる融資関連契約】

契約名（英語）	契約名（日本語）	説明
Common Terms Agreement（CTA）	共通融資条件契約書	公的金融機関と市中銀行等との共通融資条件を規定したもの
Facility Agreement（FA）	融資契約書	各金融機関の融資条件のうち形式要件等の事務的内容を規定したもの
Shareholders' Direct Agreement	株主直接契約書	スポンサーの義務（出資金払込方法等）を規定したもの
Security Documents	担保関係契約書	担保の設定，管理，実行について規定したもの
Hedging Agreemnts	ヘッジ契約書	金利を固定するヘッジについて規定したもの
Completion Agreement	完工契約書	完工保証とその解除について規定したもの
Inter-creditor Agreement	レンダー間協定書	レンダー間のルール（意思決定方法等）を規定したもの

い上，ボロワー・関連当事者も多岐にわたるため，契約当事者を絞った契約形態にするためです。例えば，担保関係契約書は担保管理を担当するエージェントとボロワーのみを契約当事者とするほか，株主直接契約書はボロワーに対する株主によるサポートを定める契約であるため，株主とボロワーとエージェントのみをその契約当事者とするなどです。

Common Terms Agreement（共通融資条件契約書）とは，公的金融機関と市中銀行が協調して融資を行う等，多数のレンダーが参加する場合に，共通する融資条件を定めたものです。通常の英文融資契約書（Loan Agreement）に相当するものです。

Facility Agreement（融資契約書）は，Common Terms Agreement 以外の形式要件等の事務的事項（資金授受等）を定めたもので，公的金融機関と市中銀行とは別の Facility Agreement となるのが普通です。

Shareholders' Direct Agreement（株主直接契約書）は，スポンサーのレンダーに対する義務が規定されているものです。スポンサーによる出資金払込やスポンサーのSPC株式の譲渡制限，必要に応じてレンダーから求められるスポンサーによるSPCへのサポート（資金サポート，技術サポート，マーケティングサポート等）について規定します。

そのほかの融資関連契約書の内容については，**【図表9】**のとおりです。

Column　英文融資契約書理解のための勘所

「英文融資契約書を理解するための勘所はどこですか？」と聞かれることがあります。何事にも近道はないとは思いますが，私が考える英文融資契約書読解のポイントは次のとおりです。

○　条文の見出しから判断し，その条項が意図する趣旨を自分なりに推測します。
○　主文となる主語，動詞（誰（何）がどうする）を探し出し，5つの文型に応じたS，V，O，C（主語，動詞，目的語，補語）を理解します。
○　主文の助動詞（shall，may）の意味を正確に理解し，当該条文が権利を示すのか義務を示すのかを確認します（契約書ですので権利か義務のどちらかを示します）。

助動詞	意味	訳
shall	義務	～しなければならない ～する義務がある
shall not	禁止	～してはならない
may	権利	～することができる ～の権利がある

○　主文内の修飾（関係代名詞・形容詞・副詞）の掛かり方を整理します。
○　主文が等位接続詞（and，or）でつながれていれば，語・句・節・文を整理します。等位接続詞の整理は必要に応じ樹形図を書き，何と何が並列しているのかを理解します

等位接続詞	訳
and	・および（単独で用いる場合） ・ならびに（大きい段階の接続と小さい段階の接続をしなければならないとき、最も大きな接続には「ならびに」を用い、それより小さな接続に「および」を用いる） ・かつ（複数の行為や事柄が並行して行われることを強調する場合）
or	・または（単独で用いる場合） ・もしくは（大きい段階の接続と小さい段階の接続をしなければならないとき、最も大きな接続には「または」を用い、それより小さな接続に「もしくは」を用いる）

○　代名詞（it や this）が何を指すのかを正確に確認します。

○　補足事項（＝(　　　)などで説明される事項）の解読は後回しにします。

○　上記「主文」に加えられる下記のような表現を主文と峻別した上で，掛かり方を整理します。

When（～の場合），If（もし～であるならば），Unless（～でない限り），Notwithstanding（～にもかかわらず），Pursuant to（～に従って），As provided in（～に定められている），In connection with（～に関して），Due to（～によって），to the extent that（～の範囲内で），provided that（ただし～）

○　否定文（部分否定，二重否定を含む）が多用されるので，よく確認します。

○　日本語らしい文章にしようとすると，どうしても後ろから順に翻訳をすることになりますが，そうではなくなるべく英文の前から順々に翻訳していくようにします。

○　最終的に日本語として意味の通じる訳文にします。

結論をいえば，できるだけ多くの英文融資契約書に目を通して慣れることが一番の近道です。英文融資契約書に限らず英文契約書全般にわたっていえることですが，基本的に構成や条項の内容が同じですので，一旦契約書の構成とその各条項の意味するところを予め理解できるとそのあとは，やさしく感じるものです。早くそこへ到達するように頑張りましょう。

第3章

債務不履行事由（Events of Default）

第3章から第5章までは，英文融資契約書の一番重要な，債務不履行事由（Events of Default），誓約事項（Covenants），表明保証（Representations and Warranties）の順に，各条項につき翻訳と解説を行います。

英文融資契約書の中での並び方としては，表明保証，誓約事項，債務不履行事由の順になることが多いのですが，契約違反理由となる債務不履行事由を最初に説明し，その債務不履行事由につながる誓約事項と表明保証をその後に解説することにしました。

融資契約における債務不履行事由は「融資契約違反」に該当する事由ですので，レンダー，ボロワー双方にとって最も重要な条項となります。一般的には債務不履行事由は以下3つに分類されます。第一に「履行遅滞（債務の履行は可能であるものの，期限が過ぎても履行が行われない状態のこと）」，次に「履行不能（債務の履行が根本的に不可能な状態のこと）」，最後に「不完全履行（債務の履行自体は行いますが，不完全な状態となっていること）」の3つの分類ですが，融資契約の債務不履行事由は「履行遅滞」に相当します。なぜなら，返済資金ための金銭の存在が世の中からなくなるわけではないため根本的に「履行不能」とはならず，また，金銭は分割できるものであり，部分的な返済を行った後に残りの金銭を返済することができることから「不完全履行」とはならないためです。

融資契約の債務不履行事由の特徴は，融資契約の本質である「融資資金の返済を怠ること」だけが債務不履行事由ではないことです。例えば企業が倒産状態にあるだけで，即時に債務不履行事由となりますし，ボロワーの資産をレンダーの承諾なく勝手に売却するとか，ボロワーの財務諸表を決められた期日に提出しなかっただけでも（一定条件を満たせば）債務不履行事由に該当します。それゆえに，この債務不履行事由の各条項はしっかり理解しておかねばなりません。

前述したとおり，債務不履行事由はボロワーの期限の利益を喪失させる事由に相当します。ボロワーが債務不履行事由に該当することにより，レンダーは支払期限の到来の有無にかかわらず，債権の全額を請求することができるようになります。レンダーはこのほかさまざまな手段の救済措置に入ることができます。例えば追加貸出の停止，貸出枠の解約などはすぐに実行されます。ボロワーの債務不履行事由が治癒されない見込みが高くなると，融資契約上保証人がいれば保証の履行を求めるほか，抵当権その他の担保権を設定していれば，競売手続や担保権の実行手続を始めます。また訴訟を起こすことも可能です。一方，債務不履行に伴う損害賠償の観点からは，返済期限までに返済することができなかった融資元本や金利に対して遅延損害金が請求されることになります。

ただし債務不履行事由が発生しても，その原因が軽微な誓約事項違反などで，借入人の債務履行に支障がないと考えられる場合は，レンダーは直ちに債務不履行事由と認定せず，一時的に権利放棄（猶予）とし，猶予期間中にボロワーがその債務不履行事由を治癒するように促します。しかし治癒されない場合は，レンダーがその誓約事項違反に関して権利放棄を行うか，レンダー・ボロワーの合意のもとで融資契約書を修正（amend）することになります。

債務不履行事由を英語では「Events of Default」を呼びます。注意したいことは，英文契約書における Events of Default は，単体で用いられるデフォルト「Default」とは用語としての意味が異なることです。「Events of Default」は，これから解説する債務不履行事由において列挙されている事実（元利金の不払い等）や状況（倒産した状況等）を意味しますが，デフォルト「Default」は Definitions（定義）で以下のとおり定められるケースが多いです。

“Default” shall mean any event or condition that upon notice, lapse of time or both would constitute an Events of Default.

（直訳）「Default」とは時間の経過や通知によって債務不履行事由を構成する事実や状況を意味するものとする。

つまり，潜在的に Events of Default となり得るイベントや状態を「Default」

と定義しています。日本語の「デフォルト」は，「債務不履行事由が発生し，治癒されない状態」のことを指すことが多いので，英文融資契約書の「Default」の使い方との違いに気を付ける必要があります。また，「Default」は英文融資契約書によっては「Events of Default」そのものを含むこともあります。本書では「Events of Default」は債務不履行事由，「Default」は不履行と訳すことにします。

【債務不履行事由（Events of Default）条項一覧】

SECTION	条項	要旨
1 債務不履行事由	1 債務不履行事由	下記 SECTION 2～8 の事由の発生は債務不履行事由となる。
2 支払不履行	1 元本支払不履行	支払期日に元本支払を怠った場合は債務不履行事由に相当する。
	2 金利支払不履行	金利支払を怠り 3 営業日以上治癒しない場合は債務不履行事由に相当する。
3 表明保証違反	1 表明保証違反	表明保証が重要な点において不正確か誤解を招くものであることが判明した場合は債務不履行事由に相当する。
4 誓約事項違反	1 即時誓約事項違反	肯定的誓約事項の一部または否定的誓約事項の不履行は，即時の債務不履行事由に相当する。
	2 猶予付き誓約事項違反	その他の誓約事項違反については，30 日間の猶予期間で治癒できない場合に限り債務不履行事由に相当する。
5 クロスデフォルト	1 クロスデフォルト	元本総額 2,000,000 ドル以上のその他の融資の返済の不履行，または当該融資の重要な義務違反はクロスデフォルトとなり，債務不履行事由に相当する。

6 破産	1 強制破産	第三者からの要求による倒産，破産，清算等の訴訟手続が開始されるか，申立が行われた場合は債務不履行事由に相当する。
	2 任意破産	自発的に倒産等の手続を開始，管財人を選任，融資が返済不能となった場合は債務不履行事由に相当する。
7 判決・契約書	1 判決	10,000,000 ドルを超える支払を命じる判決が出た場合は債務不履行事由に相当する。
	2 融資契約書	融資契約書が効力を失う場合，担保権が有効かつ対抗要件を具備したものでなくなる場合は，債務不履行事由に相当する。
8 プロジェクトファイナンス固有	1 出資金拠出義務	株主が株主直接契約書上の出資義務を怠るまたはその他の義務を果たさない場合は債務不履行事由に相当する。
	2 プロジェクトの放棄	プロジェクトの建設または操業が30日以上放棄されている場合は債務不履行事由に相当する。
	3 主要プロジェクト契約	主要プロジェクト契約の解除をもたらすような契約違反を起こすこと，または主要プロジェクト契約が解除となる場合は債務不履行事由に相当する。
	4 収用	資産が，対価なく損失，収用，占有される場合は債務不履行事由に相当する。
	5 完工	完工予定日までに完工しない場合は債務不履行事由に相当する。
	6 株主の変更	株主の変更は債務不履行事由に相当する。
	7 解散	解散または分割を命じる命令を受けた場合は債務不履行事由に相当する。
9 救済措置	1 救済措置	債務不履行事由発生時にはコミットメントが解約され，融資関連全債務の支払期限が到来するものとする。

なお，以下第３章から第５章の各条項の条文例は，コーポレートファイナンスやプロジェクトファイナンスの英文融資契約書で多く使用されるものですが，以下の点には留意してください。

① 各条項の条文例は一例であり，特定の融資案件を意図するものではなく，また各条項と同様の意図を目的とする場合において違う表現の条文が用いられることがあります。

② 以下の各条項が必ず使用されるとは限らず，記載の各条項以外の内容の条項が使用されることがあります。

③ また各条項は融資案件の性質（例：コーポレートファイナンスとプロジェクトファイナンス）やその他理由により，内容が重複する条項や補完関係にある条項があります。

④ 具体的な数値や金額が示されている条項がありますが，一例に過ぎません。

⑤ 基本的には，米国内のボロワーを前提とした条項です。

以下，第３章から第５章の各条項については，下記のとおりの様式を用います。

1　債務不履行　→本条文のタイトル

コーポレート　**プロジェクト**

→　本条文がコーポレートファイナンスまたはプロジェクトファイナンスで用いられることが多いことを示します。

→　本条文の要旨を記します。

→　本条文を英語で記載します。

→　本条文の直訳を記載します。

ポイント

→　本条文の解読方法並びに本条文の意図を解説します。また法律的背景や融資交渉における留意点も記載しています。

また，各条文の直訳と説明は，英文融資契約のより正しい理解のために参考までに付したものであり，厳密な法律的見解を述べたものではありませんことを予めご了解ください。

SECTION 1

債務不履行事由

1　債務不履行事由　コーポレート　プロジェクト

下記 SECTION 2～8 の事由の発生は債務不履行事由となる。

Events of Default.

The occurrence of any of the following events shall constitute an event of default hereunder (each, an “Event of Default”):

債務不履行事由

以下に挙げるいずれかの事由の発生は債務不履行事由を構成するものとする。

ポイント

債務不履行事由の発生により，ボロワーの期限の利益を喪失させレンダーへの全額返済を求めることとなります。以下第 3 章 **SECTION 2** 支払不履行より **SECTION 8** プロジェクトファイナンス固有までで挙げられる各事由は債務不履行事由に相当するものと定義します。

SECTION 2

支払不履行

1　元本支払不履行　コーポレート　プロジェクト

支払期日に元本支払を怠った場合は債務不履行事由に相当する。

Principal Payment Default.

A default shall be made in the payment of any principal of any Loan when and as the same shall become due and payable, whether at the due date thereof or at a date fixed for prepayment thereof or by acceleration thereof or otherwise.

元本支払不履行

支払期日，期限前弁済期日，期限の利益喪失またはその他原因を問わず，支払期日が到来した際，本融資の元本支払が不履行となる場合。

ポイント

融資元本の支払不履行を債務不履行事由とするものです。債務不履行事由の一番基本的な原因であり，現実の世界では債務不履行事由の多くはこの支払不履行といってよいでしょう。ただし海外融資の場合，時差や返済資金の送金銀行の事務手続遅延などで，支払期日に返済資金が届かないことがよくあります。このような送金遅延をテクニカルデフォルトと呼び，即時に債務不履行事由とならないよう猶予期間（grace period）を設けることがあります。

2　金利支払不履行　コーポレート　プロジェクト

金利支払を怠り 3 営業日以上治癒しない場合は債務不履行事由に相当する。

Interest Payment Default.

A default shall be made in the payment of any interest on any Loan or in the payment of any Fee or any other amount due under any Loan Document, when and as the same shall become due and payable, and such default shall continue unremedied for a period of three Business Days.

金利支払不履行

支払期日が到来した際，本融資の金利支払または融資契約書上の手数料支払もしくはその他の支払が不履行となり，かつ 3 営業日以内に治癒されない場合。

ポイント

金利や手数料等の支払不履行を債務不履行事由とするものです。上記の融資元本の支払不履行とは違い，即時の債務不履行事由とはならず，3 営業日の猶予が与えられています。冒頭 “in the payment of” が 2 回出てきますが両者は “any Loan” の後の “or” で並列しています。また “and such default” の “and” は「かつ」条件です。3 営業日は一例です。

Interest Payment Default.

or 接続

A default shall be made **in the payment of any interest on any Loan** **or** **in the payment of any Fee or any other amount due under any Loan Document,** when and as the same shall become due and payable, and such default shall continue unremedied for a period of three Business Days.

SECTION 3

表明保証違反

1　表明保証違反　コーポレート　プロジェクト

表明保証が重要な点において不正確か誤解を招くものであることが判明した場合は債務不履行事由に相当する。

Misrepresentations.

Any representation or warranty made or deemed made by the Borrower in any Loan Document, or any representation, warranty, statement or information contained in any report, certificate, financial statement or other document furnished in connection with or pursuant to any Loan Document, shall prove to have been false or misleading in any material respect when so made, deemed made or furnished by the Borrower.

表明保証違反

融資契約書上，ボロワーによって行われた，もしくは行われたと見なされる表明保証，または融資契約書に関してもしくは融資契約書に従って提供された報告，証明，財務諸表またはその他の書類に含まれる表明保証，記述または情報が，ボロワーによって表明保証が行われた時点もしくは行われたと見なされる時点，または表明保証，記述または情報が提供された時点において，重要な点において誤りであるかまたは誤解を招くことが判明した場合。

ポイント

表明保証違反が債務不履行事由に相当することを規定しています。レンダーによる融資契約の締結や貸出は，ボロワーがその時点での表明保証を行うことにより，締結または貸出されるため，その表明保証が不正確である場合は，当該締結や貸出はなされなかったことになりますので，債務不履行事由となります。表明保証がなされた時点だけでなく，表明保証がなされたと見なされた時点も含まれることに留意が必要です。

SECTION 4

誓約事項違反

1　即時誓約事項違反　コーポレート　プロジェクト

肯定的誓約事項の一部または否定的誓約事項の不履行は，即時の債務不履行事由に相当する。

Immediate Covenant Default.

A default shall be made in the due observance or performance by the Borrower of any covenant, condition or agreement contained in Affirmative Covenants [　　], or Negative Covenants.

即時誓約事項違反

肯定的誓約事項のうち［　　］，もしくは否定的誓約事項に含まれる誓約，条件，もしくは取り決めの，期日どおりの遵守または履行がボロワーにより不履行となる場合。

ポイント

誓約事項違反が「即時」に債務不履行事由に相当することを規定しています。否定的誓約事項違反はすべて即時の債務不履行事由となりますが，肯定的誓約事項は［　　］に示される項目のみが即時の債務不履行事由に該当します。［　　］には債権保全上インパクトのある肯定的誓約事項（例：資金使途，事業の維持・継続など）が該当します。

2　猶予付き誓約事項違反　コーポレート　プロジェクト

その他の誓約事項違反については，30日間の猶予期間で治癒できない場合に限り債務不履行事由に相当する。

Covenant Defaults with Cure.

A default shall be made in the due observance or performance by the Borrower of any other covenant, condition or agreement and such default shall continue unremedied for a period of 30 days after the earlier of (i) notice thereof from any Lender Party to the Borrower and (ii) Knowledge of the Borrower of such default.

猶予付き誓約事項違反

その他の誓約，条件，もしくは取り決めの期日どおりの遵守または履行がボロワーにより不履行となり，かつ (i) レンダーからボロワーへの通知，または (ii) ボロワーによる当該不履行の認知のいずれか早い方から30日間当該不履行が治癒されないまま継続した場合。

ポイント

肯定的誓約事項（債権保全上インパクトのある誓約事項を除く）には治癒のための猶予期間が設けられるという条項です。否定的誓約事項には猶予期間が設定されません。ここでは，30日間の猶予期間（grace period）が設けられています。“and such default” の “and” は「かつ条件」を示します。なお，30日間は一例です。

SECTION 5

クロスデフォルト

1　クロスデフォルト　コーポレート　プロジェクト

元本総額 2,000,000 ドル以上のその他の融資の返済の不履行，または当該融資の重要な義務違反はクロスデフォルトとなり，債務不履行事由に相当する。

Cross-Default.

(i) A default shall occur in the payment when due (subject to any applicable grace period), whether by acceleration or otherwise, of any Indebtedness (other than Loans) of the Borrower in an aggregate principal amount of $2,000,000 or more, or (ii) a default shall occur in the performance or observance of any material obligation or condition with respect to one or more items of Indebtedness in the individual or aggregate principal amounts referred to in clause (i) above or any loan agreement, mortgage, indenture or other agreement relating to such item(s) of Indebtedness, in each case beyond the grace period, if any, provided therefor, if the effect of such breach or default is to cause, or to permit the holder or holders of that Indebtedness (or a trustee on behalf of such holder or holders), to cause, that Indebtedness to become or be declared due and payable (or redeemable) prior to its stated maturity or the stated maturity of any underlying obligation, as the case may be.

クロスデフォルト

(i) 期限の利益の喪失もしくはその他の原因にかかわらず，ボロワーの債務等（本融資を除く）における元本総額2,000,000ドル以上の支払期限の到来した支払に不履行が発生した場合（ただし猶予期間を考慮する）。または，(ii) 個別もしくは合計で元本総額2,000,000ドル以上となる債務等における重要な義務もしくは条件，またはそれらの債務等に関係するあらゆる融資契約，抵当権設定契約，信託証書，もしくはその他契約における重要な義務もしくは条件の履行または遵守において不履行が発生した場合。ただし (i) (ii) 双方のケースにおいて，猶予期間があればその猶予期間を超過し，その違反や不履行によって，返済期限や義務履行期限より前に債務等の支払（償還）期日が到来する，もしくは到来宣言される場合，または当該債務の貸手もしくはその信託受託者がそのようにできるようになる場合，に限る。

ポイント

クロスデフォルトとは，本融資契約書以外の契約上の債務が不履行になった場合も本融資契約書上の債務不履行事由となるものです。その目的は，本融資契約のレンダーが債権回収等で他の債権者に劣後することがないようにするためです。しかし，他の契約におけるすべての債務不履行をクロスデフォルトとしてしまうのは実務的ではないので，一定の閾値を設けます。(i) は他の契約債務で元本総額 2,000,000 ドル（金額は一例です）以上の場合，(ii) は同じく元本総額 2,000,000 ドル以上の債務に関連する重要な義務違反の場合です。本条項は少し解読に注意を要します。“in each case” の直前までが (i) (ii) の二つのクロスデフォルトの例示となっています。“in each case” 以下は (i) (ii) の共通の前提条件になります。本条のようなボロワーのクロスデフォルトだけではなく，ボロワーの株主等のボロワーの信用力に影響する第三者をクロスデフォルトの関係者に含めるケースもあります。

Cross-Default.

(i) A default shall occur in the payment when due (subject to any applicable grace
S　V
period), whether by acceleration or otherwise, of any Indebtedness (other than Loans) of the Borrower in an aggregate principal amount of $2,000,000 or more, or (ii) a default shall occur in the performance or observance of any material
(i)と(ii)が or 接続　S　V
obligation or condition with respect to one or more items of Indebtedness in the individual or aggregate principal amounts referred to in clause (i) above or any loan agreement, mortgage, indenture or other agreement relating to such item(s) of
以下は (i)(ii) の前提条件
Indebtedness, in each case beyond the grace period, if any, provided therefor, ...

SECTION 6

破産

1　強制破産　コーポレート　プロジェクト

第三者からの要求による倒産，破産，清算等の訴訟手続が開始されるか，申立が行われた場合は債務不履行事由に相当する。

Involuntary Bankruptcy.

An involuntary proceeding shall be commenced or an involuntary petition shall be filed in a court of competent jurisdiction seeking (i) relief in respect of the Borrower or of a substantial part of the property or assets of the Borrower under the U.S. Bankruptcy Code, as now constituted or hereafter amended, or any other federal, state or foreign bankruptcy, insolvency, receivership or similar law, (ii) the appointment of a receiver, trustee, custodian, sequestrator, conservator or similar official for the Borrower or for a substantial part of the property or assets of the Borrower or (iii) the winding-up or liquidation of the Borrower and in each case such proceeding or petition shall continue undismissed for 60 days or an order or decree approving or ordering any of the foregoing shall be entered.

強制破産

次の（i）（ii）（iii）の事項を要求する強制的な訴訟手続が開始されるか，または強制的な倒産申立が管轄権を有する裁判所に提出される場合。(i)現在制定されているかまたは今後修正される米国破産法もしくはその他の連邦，州または外国の倒産法，破産法，管財人の管理下もしくは同様の法律の下で，ボロワーまたはボロワーの所有物もしくは財産・資産の重要な一部において救済命令を要求するもの，(ii) ボロワー，またはボロワーの所有物もしくは財産・資産の重要な一部のための管財人，受託者，株式管理人，仮差押え者，財産保全管理人，もしくは同等の役人の選任を要求するもの，または (iii) ボロワーの解散，清算を要求するもの。かつ，いずれの場合においても，訴訟手続もしくは倒産申立は60日間棄却されないか，または上記のいずれかを承認もしくは指示する命令がなされる場合。

ポイント

第三者からの訴訟手続の開始や，申立が裁判所に提出される場合は当然に債務不履行事由に相当することになります。その倒産手続や申立は，ボロワーの資産に対して救済を求める場合や，ボロワーの資産を差し押さえ保全するための管財人の選定を要求する場合や，ボロワーの解散や清算等の求める場合などです。いわゆる第三者からの要求による倒産手続等に入る場合を規定しています。

2　任意破産　コーポレート　プロジェクト

自発的に倒産等の手続を開始，管財人を選任，融資が返済不能となった場合は債務不履行事由に相当する。

Voluntary Bankruptcy.

The Borrower shall (i) voluntarily commence any proceeding or file any petition seeking relief under the U.S. Bankruptcy Code, as now constituted or hereafter amended, or any other federal, state or foreign bankruptcy, insolvency, receivership or similar law, (ii) consent to the institution of, or fail to contest in a timely and appropriate manner, any proceeding or the filing of any petition described in paragraph above, (iii) apply for request or consent to the appointment of a receiver, trustee, custodian, sequestrator, conservator or similar official for the Borrower (iv) file an answer admitting the material allegations of a petition filed against it in any such proceeding, (v) make a general assignment for the benefit of creditors or (vi) become unable, admit in writing its inability or fail generally to pay its debts as they become due.

任意破産

(i) ボロワーが現在制定されているかまたは今後修正される米国破産法もしくはその他の連邦，州または外国の倒産法，破産法，管財人の管理下もしくは同様の法律の下で，救済命令を要求する申立の手続を自発的に開始する場合，(ii) ボロワーが上記に記載された方法で申立手続を行うことを当局に同意するか適切な時期に適切な方法で異議を唱えない場合，(iii) ボロワーがボロワーのための管財人，受託者，株式管理人，仮差押え者，財産保全管理人，もしくは同等の役人の選任を求めるか同意した場合，(iv) 当該手続において，ボロワーに対して提起された救済命令の重要な申立を認める回答をボロワーが提出した場合，(v) ボロワーが債権者の利益のために一般的な資産譲渡が行う場合，または (vi) ボロワーが返済期日が到来したボロワーの融資を返済できず，書面でその能力がないことを認める，もしくは支払を怠る場合。

ポイント

前項の強制倒産のように，強制的に倒産，破産，清算等の手続が開始されるのではなく，自らが自発的に同等の手続を行う場合を規定しています。そのほか資産を保全するための管財人を選定したり，レンダーのために資産を譲渡したり，融資が返済不能となった場合にも当然に債務不履行事由に相当することになります。

SECTION 7

判決・契約書

1 判決 コーポレート プロジェクト

10,000,000 ドルを超える支払を命じる判決が出た場合は債務不履行事由に相当する。

Judgments.

One or more judgments or orders for the payment of money in excess of $10,000,000 (taking into account any insurance proceeds payable under a policy where the insurer has accepted coverage without reservation) shall be rendered against the Borrower and either (i) enforcement proceedings shall have been commenced by any creditor upon such judgment or order or (ii) there shall be any period of 30 consecutive days during which a stay of enforcement of such judgment or order, by reason of a pending appeal or otherwise, shall not be in effect with respect to the Borrower.

判決

10,000,000 ドルを超える支払（ただし，保険会社が留保条件なく保険契約に基づき支払う保険金を考慮する）を命じる 1 回以上の判決または命令がボロワーに対し下され，かつ（i）その判決もしくは命令に基づいて債権者により強制執行の手続がすでに開始されている，または（ii）控訴もしくはその他の理由により，その判決もしくは命令の執行猶予が 30 日以内になされない場合。

ポイント

裁判の判決を受けた場合が規定されています。債務不履行事由に相当する条件として，判決による支払命令の金額が受取保険金を差し引いて 10,000,000 ドル以上であること，かつ，債権者による強制執行の手続が開始されていること，または執行の猶予が 30 日以内になされない場合です。“and either (i)” の “and” は「かつ」の意味です。10,000,000 ドルは一例であり，金額は借入人の規模に応じて変わります。

Judgments.

One or more judgments or orders for the payment of money in excess of $10,000,000 (taking into account any insurance proceeds payable under a policy where the insurer has accepted coverage without reservation) shall be rendered against the Borrower and either (i) enforcement proceedings shall have been
この前後を and 接続
commenced by any creditor upon such judgment or order or (ii) there shall be any
(i) と (ii) は or 接続
period of 30 consecutive days during which a stay of enforcement of such judgment or order, by reason of a pending appeal or otherwise, shall not be in effect with respect to the Borrower.

2 融資契約書 コーポレート プロジェクト

融資契約書が効力を失う場合，担保権が有効かつ対抗要件を具備したものでなくなる場合は，債務不履行事由に相当する。

Loan Documentation.

(i) Any Loan Document shall cease to be in full force and effect or shall be declared void by a Governmental Authority, or any party thereto (other than a Lender Party) shall claim such unenforceability or invalidity or (ii) any security interest in the

Collateral purported to be created by any Security Document shall cease to be, or shall be asserted in writing by the Borrower not to be, a valid and perfected security interest (having the priority required by this Agreement or the relevant Security Document) in the securities, assets or properties covered thereby.

融資契約書

(i) 融資契約書が完全に効力を失うか，政府機関によって無効と宣言される，もしくはレンダー以外の関係者が執行不能または無効性を主張した場合，または (ii) 担保関連契約において設定された担保に対する担保権が，担保権によって保全されている証券，所有物，財産・資産において有効かつ対抗要件を具備した（本融資契約または担保関連契約で要求される優先順位の）担保権ではなくなる，もしくはボロワーによってそのような担保権ではないと書面で明らかにされる場合。

ポイント

融資取引の根拠となる融資契約書が効力を失うか，無効になれば，債務不履行事由となり期限の利益が喪失するのはやむを得ないことです。また担保関連契約の担保権が効力を失う場合も同様です。

SECTION 8

プロジェクトファイナンス固有

1　出資金拠出義務　プロジェクト

株主が株主直接契約書上の出資義務を怠るまたはその他の義務を果たさない場合は債務不履行事由に相当する。

Equity Commitments.

Any Equity Contributor shall have (i) failed to fund all or any portion of its Equity Commitment as and when required pursuant to the terms of the Equity Commitment Agreement or (ii) defaulted in any material respect under the Equity Commitment Agreement.

出資金拠出義務

株主が (i) 株主直接契約書の条件に従って必要とされる方法と時期に出資金拠出義務のすべてもしくは一部の資金拠出を怠ったとき，または (ii) 株主直接契約書における重要な点において不履行を起こした場合。

ポイント

ボロワーの株主はレンダーと株主直接契約書（ここではEquity Commitment Agreement）を別途締結して，出資金拠出義務や株主としてのさまざまなサポートを約しています。株主がこの株主直接契約書上で定められた出資金の拠出やその他の義務を果たさなければ，ボロワーの信用力が大きく劣化することが考えられるため，債務不履行事由に相当するものです。

2 プロジェクトの放棄 プロジェクト

プロジェクトの建設または操業が30日以上放棄されている場合は債務不履行事由に相当する。

Abandonment of Project.

The construction or operation of the Project shall have been abandoned for a period of at least 30 consecutive days.

プロジェクトの放棄

プロジェクトの建設または操業が30日以上放棄されている場合。

ポイント

プロジェクトの停止は，プロジェクトファイナンスの唯一の返済原資であるプロジェクトからのキャッシュフローが枯渇することにつながりますので，債務不履行事由に相当します。日数は一例です。

3 主要プロジェクト契約 プロジェクト

主要プロジェクト契約の解除をもたらすような契約違反を起こすこと，または主要プロジェクト契約が解除となる場合は債務不履行事由に相当する。

Major Project Contracts.

(i) A breach or default which permits the counterparty to terminate shall have occurred under (A) the Main Contract or (B) any other Major Project Contract unless, with respect to clause (B) above only, such breach or default would not reasonably be expected to have a Material Adverse Effect, as certified to the Administrative Agent by a Authorized officer of the Borrower.

(ii) Any Major Project Contract shall terminate or otherwise cease to be valid and binding on any party thereto unless, in each case, (A) such termination or invalidity could not reasonably be expected to have a Material Adverse Effect, as certified to the Administrative Agent by a Authorized Officer of the Borrower, (B) the Borrower replaces such Major Project Contract within 90 days after such termination and (C) the Borrower shall have fully satisfied all of its obligations arising out of such termination within such 90 day period.

主要プロジェクト契約

(i) 主契約またはその他の主要プロジェクト契約において，契約の相手方が契約を解除できるような，ボロワーの契約違反が発生する場合。ただし，その他の主要プロジェクト契約のみにおいては，そのボロワーの契約違反がボロワーに重大な悪影響をもたらさないことを，ボロワーの責任者がエージェントに証明することで合理的に予想できる場合は除く。

(ii) 主要プロジェクト契約が解除されるか，その他の理由により契約当事者に対して有効ではなく法的拘束力を持たなくなる場合。ただし，解除・無効のどちらの場合においても，以下すべての条件を満たす場合を除く。(A) 当該契約の解除や無効がボロワーに重大な悪影響をもたらさないことを，ボロワーの責任者がエージェントに証明することで合理的に予想でき，かつ (B) ボロワーが契約の解除以降90日以内にその主要プロジェクト契約を差し替え，かつ (C) ボロワーが契約の解除に伴うすべてのボロワーの義務を90日以内に果たした場合。

ポイント

プロジェクトを支えるプロジェクト契約においてボロワーの契約違反が発生し契約が解除となる場合，ボロワーの信用力に甚大な悪影響を与えると予想されるため，債務不履行事由になると規定しているものです。主契約ではないその他の主要プロジェクト契約については，その契約違反によりボロワーに重大な悪影響をもたらさない場合は除外しています。また，主要プロジェクト契約の解除や無効化については，ボロワーに重大な悪影響をもたらさず，90日以内（日数は一例です）に契約を差し替えてボロワーが解除に伴う義務を果たせば，債務不履行事由とはしないものとしています。(ii) の（A)（B)（C）は「かつ」の関係です。

(ii) Any Major Project Contract shall terminate or otherwise cease to be valid and binding on any party thereto unless, in each case, (A) such termination or invalidity could not reasonably be expected to have a Material Adverse Effect, as certified to the Administrative Agent by a Authorized Officer of the Borrower, (B) the Borrower replaces such Major Project Contract within 90 days after such termination and (C) the Borrower shall have fully satisfied all of its obligations arising out of such termination within such 90 day period.

(A)(B)(C) は and 接続

4　収用　プロジェクト

資産が，対価なく損失，収用，占有される場合は債務不履行事由に相当する。

Loss Events.

Any material portion of the Borrower's property is damaged, seized or appropriated without fair value being paid therefor such as to allow replacement of such property with the effect that the Borrower is unable to continue satisfying its obligations hereunder and under the other Transaction Documents, after giving effect to any cash contributions to the common equity of the Borrower (other than pursuant to the Equity Commitment Agreement) made to the Borrower after the closing Date and applied to such replacement.

収用

　ボロワーの所有物の重要な部分が公正価値を支払われずに損失するか，収用，占有され，そのためにその所有物の交換が必要となり，ボロワーが本融資契約やその他の本融資契約・プロジェクト契約に基づく自身の義務を履行し続けられなくなるような効果を伴う場合。そこでは株主によるボロワーの普通株式への現金拠出（株主直接契約に基づくものを除く）がボロワーに対して実施され，それらの所有物の交換費用に充当されていていることを前提とする。

ポイント

　ボロワーの資産が収用等により損失を被った場合の規定です。前提として，公正価値が支払われず，資産の交換が必要となり，資産の交換費用を株主の増資によって充当しても，ボロワーが契約義務を果たすことができなくなる場合は債務不履行事由に相当するものとしています。なお，“Transaction Documents”は，ここでは本融資契約とプロジェクト契約を指します。

5　完工　プロジェクト

完工予定日までに完工しない場合は債務不履行事由に相当する。

Completion.

Completion shall not have occurred, or any requirement for Completion set forth in Affirmative Covenants shall not have been satisfied, on or prior to the Date Certain.

完工

　予め定められた特定の日以前に，完工が達成されていない場合，または肯定的誓約事項に定められた完工要件が満たされていない場合。

ポイント

予定どおりにプロジェクトの工事が完成しなかった場合を債務不履行事由にしているものです。通常プロジェクトファイナンスでは，完工予定日までに完工しないまたは完工要件を満たさない場合，債務不履行事由に該当することになります。もし株主による融資に対する完工保証がある場合は，レンダーから株主に対して融資の保証履行が求められます。株主は保証履行を避けるために，株主直接契約書に規定のない増資を実行し工事の完成を目指します。一方，完工保証がない場合，レンダーは本条文を根拠にボロワーの期限の利益を喪失させても，完工前のために貸付債権の全額回収は望めないため，期限の利益の喪失宣言を留保することを条件に，株主の増資を求めます。株主が増資に応じない場合は，期限の利益を喪失させ貸付債権の売却を検討することになります。

6　株主の変更　プロジェクト

株主の変更は債務不履行事由に相当する。

<u>Change of Control.</u>

A Change of Control shall occur.

<u>株主の変更</u>

株主の変更が生じた場合

ポイント

ボロワーの株主の変更を制限するものです。株主はボロワーの信用力に大きな影響を持つためです。ただし，株主の変更は一定程度認められことが通例であり，Change of Control の定義において例外が規定されます。

7　解散　プロジェクト

解散または分割を命じる命令を受けた場合は債務不履行事由に相当する。

Dissolution.

Any order, judgment or decree shall be entered against the Borrower decreeing the dissolution or split up of the Borrower and such order shall remain undischarged or unstayed for a period in excess of five days.

解散

　ボロワーに対してボロワーの解散もしくは分割を命じる命令または判決が出た上で，その命令・判決が5日以内に取下または猶予されない場合

ポイント

ボロワーが解散・分割の命令・判決を受けた場合を規定しています。

SECTION 9

救済措置

1　救済措置　コーポレート　プロジェクト

債務不履行事由発生時にはコミットメントが解約され，融資関連全債務の支払期限が到来するものとする。

Remedies.

Upon the occurrence and during the continuation of an Event of Default(other than an Event of Default with respect to the Borrower described in paragraph of Involuntary Bankruptcy or Voluntary Bankruptcy above), and at any time thereafter during the continuation of such Event of Default the Administrative Agent, at the request of the Required Lenders, shall, by notice to the Borrower, take any or all of the following actions, at the same or different times: (i) terminate forthwith the Commitments, (ii) declare the Loans then outstanding to be forthwith due and payable in whole or in part, whereupon the principal of the Loans so declared to be due and payable, together with accrued interest thereon and any unpaid accrued Fees and all other liabilities of the Borrower accrued hereunder and under any other Loan Document, shall become forthwith due and payable, without presentment, demand, protest or any other notice of any kind, all of which are hereby expressly waived by the Borrower, anything contained herein or in any other Loan Document to the contrary notwithstanding, (iii) demand cash collateral, and (iv) direct the Collateral Agent to exercise the rights and remedies under the Security Documents in accordance with the terms of the Intercreditor Agreement, and in the case of any event with respect to the Borrower described in paragraph of

Involuntary Bankruptcy or Voluntary Bankruptcy above, the Commitments shall automatically terminate, the principal of the Loans then outstanding, together with accrued interest thereon and any unpaid accrued Fees and all other liabilities of the Borrower accrued hereunder and under any other Loan Document, shall automatically become due and payable and the Administrative Agent shall be deemed to have made a demand for cash collateral without presentment, demand, protest or any other notice of any kind, all of which are hereby expressly waived by the Borrower, anything contained herein or in any other Loan Document to the contrary notwithstanding.

救済

債務不履行事由（ただし強制破産および任意破産による債務不履行事由を除く）の発生時および継続期間中，ならびに債務不履行事由発生後，発生中のいつでも，エージェントは，過半数のレンダーの要求によって，ボロワーへの書面による通知を経て以下の行動を同時にまたは別々にとるものとする。(i) コミットメントを即時に解約する，(ii) その時点の本融資残高はすべてまたは一部は支払期限が到来したと宣言され，そこにおいて本融資の元本は経過金利と未払の手数料や本融資やその他融資契約書上で発生するすべてのボロワーの債務と共に，提示，請求，拒絶証書，その他の何らの催告（ボロワーはそれらすべてを要求する権利を明示的に放棄する）を要せず，本融資や他の融資契約書の別段の定めにもかかわらず，直ちに支払期限が到来したものとする，(iii) 現金担保を要求する，(iv) 担保管理エージェントに対して銀行間契約に従って担保関連契約に基づく権利や救済を行使するよう指示する。強制破産および任意破産に伴う債務不履行事由の場合，コミットメントは自動的に（過半数のレンダーの要求や，ボロワーへの書面による通知を経ずして）解約され，本融資の元本は経過金利と未払の手数料や本融資やその他融資契約書上で発生するすべてのボロワーの債務と共に自動的に支払期限が到来するものとし，エージェントは，提示，請求，拒絶証書，その他の何らの催告（ボロワーはそれらすべてを要求する権利を明示的に放棄する）を要せず，本融資や他の融資契約書の別段の定めにもかかわらず，現金担保を要求したものとみなされる。

ポイント

本条は債務不履行事由の発生後のレンダーの救済手段を述べているものです。債務不履行事由の発生後直ちに，レンダーがコミットメントを解約し，ボロワーに対して期限の利益を喪失させ全額返済に至らせられることを規定しています。コミットメントの解約とはレンダーが融資する義務を負っている金額のうち未実行部分を，債務不履行事由の発生によりレンダーが解約するものです。したがって，その後の追加融資はできなくなります。本条文は“and in the case of”の前後で大きく場合分けがなされています。前者は破産倒産に拠らない債務不履行事由発生の場合（第 3 章 **SECTION 6** 破産の「1 強制破産」および「2 任意破産」以外を指します）を示しており，過半数のレンダーの要求と，ボロワーへの書面による通知を経るプロセスが必要で，その後コミットメントの解約し，支払期限の到来の宣言することになる請求喪失事由です。後者は破産倒産に伴う債務不履行事由発生の場合（第 3 章 **SECTION 6** 破産の「1 強制破産」および「2 任意破産」を指します）を示しており，自動的に（＝過半数のレンダーの要求や，ボロワーへの書面による通知を経ることなく）コミットメントを解約し，支払期限が到来することになる当然喪失事由です。また，前者の（i）から（iv）は“and”で結ばれていますが，全部の場合もあればその一部の場合もあるという関係となっています。

...(iii) demand cash collateral, and (iv) direct the Collateral Agent to exercise
(i)〜(iv) を and 接続
the rights and remedies under the Security Documents in accordance with the
terms of the Intercreditor Agreement, | and in the case of any event with respect
請求喪失事由←　　→当然喪失事由
to the Borrower described in paragraph of Involuntary Bankruptcy or Voluntary
Bankruptcy above,...

Column　ドキュメンテーション

シビアな交渉の末，合意された融資条件はタームシートにまとめられます。そのタームシートを「ドキュメンテーション」というプロセスを経て英文融資契約書に仕上げていきます。このドキュメンテーションには落とし穴が多いので注意が必要です。というのはタームシートを正確に反映した英文融資契約書のドラフトが出来上がってくるとは限らないからです。これは貸手側がドラフトしようと，借手側がドラフトしようと状況は一緒です。そうなる理由として，以下の状況が想定されます。

第一に，英文融資契約書をドラフトする弁護士が融資条件交渉のすべてに立ち会っていて，タームシートの意図する要素や背景をすべて理解しているとは限らないためです。特に，関連当事者の利益やリスクテイクに密接に関連する商務条件は，込み入った条件となるものが多く，（弁護士ゆえ仕方のないことなのですが）同席するパートナークラスの弁護士であってもその商務条件を正確に理解していないことがあります。また，融資条件交渉に同席するパートナーが直接英文融資契約書をドラフトすることは少なく，交渉に同席していない若手のアソシエイトがタームシートを見て英文融資契約書をドラフトするケースがよく見受けられ，ドラフトされた英文融資契約書に誤りが含まれていることがあります。

第二に，ドキュメンテーションは，タームシートの内容を法律的な契約書に膨らませることによって，英文融資契約書にしていくケースは少なく，LTSA や LMA，APLMA などの英文融資契約書雛形にタームシートの融資条件を書き込んでいくことが多いためです。したがって，契約書の雛形にとらわれるあまり，契約書内で内容の矛盾や記述の重複が発生しがちです。また，あまり好ましくないのですが，アソシエイトが同種同類の既存案件の英文融資契約書からコピーアンドペーストで英文融資契約書をドラフトすることも少なくなく，タームシートとは似て非なる英文融資契約書になる可能性もあるからです。大概の契約書の内容は妥協の産物であることから，論点がぼけてしまっていることが多く，既存契約書から新たな融資契約書を書き起こすことはあまり勧められません。

したがって，タームシートに記述された融資条件がドキュメンテーションを経て，すべて正確に英文融資契約書ドラフトに反映されているかを確認するのは，レンダーおよびボロワーの担当者の大事な仕事です。一般的にドキュメンテーションは弁護士任せになりがちなため，英文融資契約書のドラフトのチェックが甘くなりがちです。レンダー・ボロワーと弁護士との間で大きな誤解がいつの間にか生じていて，英文融資契約書を見てヒヤリとすることがありますので，注意が必要です。

さらにタームシートでは通常議論されない一般条項は，ドキュメンテーションでおざなりになりがちです。完全合意事項や分離条項などの定型的な一般条項はよいですが，準拠法や裁判管轄など当事者の有利不利につながる一般条項については，タームシートに定められていなければ，ドキュメンテーションの過程でしっかり確認するようにしましょう。

第4章

誓約事項（Covenants）

誓約事項とは，ボロワーに対し融資全期間中の作為または不作為の義務を課すものです。誓約事項を遵守させることにより，ボロワーの信用力の劣化を防ぎ，融資の償還確実性を維持することができます。誓約事項の違反は債務不履行事由につながるので，ボロワーに対して大きな牽制になります。

誓約事項と類似する条項として表明保証（Representations and Warranties）があります。表明保証も特定事実の存在やボロワーの状態について，ボロワーに表明させ保証させるものですので，表明保証と誓約事項との差異が分かりづらい面があります。一番明らかな差異は，時点の違いです。すなわち，表明保証は特定の一時点（融資契約調印日や貸出実行時）における事実についてのみを保証させるものですが，誓約事項は融資契約調印日から完済までの融資契約の全ての期間において継続して義務を課すものです（その他の差異については，第 1 章 SECTION 2 4 表明保証と誓約事項との違いを参照）。

誓約事項の構成は決まったものがありませんが，米国法の英文融資契約書では，affirmative covenants（肯定的誓約事項，積極的誓約事項，または作為義務）と negative covenants（否定的誓約事項，消極的誓約事項，または不作為義務）の二本立てとすることが多く見受けられます。affirmative covenants は「shall（～しなければならない）」という作為義務事項であり，negative covenants は「shall not（～してはならない）」という不作為義務事項が並びます。affirmative covenants と negative covenants は表裏の関係になりますが，禁止を企図するものを negative covenants に集め，それ以外を affirmative covenants にするようになっています。そのほか，affirmative covenants と negative covenants とは別に financial covenants（財務制限条項）を設けることもあります。financial covenants とは，ボロワーの財務健全性を維持するために，自己資本比率や EBITDA 比率，純資産額などのボロワーの健全性を表す財務指標を数値基準で定めるものです。ボロワーが予め定められた数値基準の閾値を守ることが誓約事項となります。

一方，英国法の英文融資契約書では，誓約事項を covenants ではなく，undertakings と呼ぶことがあります。また，誓約事項の構成は，affirmative と negative という区分ではなく，information undertakings（情報提供義務），financial covenants（財務制限条項），general undertakings（一般誓約事項）の三本立てとすることが多いようです。米国法にしても英国法にしても建付けの違いだけで，誓約事項自体には大きな差異はありません。

誓約事項は日本の融資契約書においては歴史が浅く，バブル崩壊以降になって誓約事項が取り入れられることが増えました。それまではレンダー（銀行）とボロワーとの間に親密な取引関係があり，インサイダー情報を含めたボロワーの情報が銀行の与信管理に有効に機能していましたし，万一債権が劣化した際は不動産担保を処分することで融資を回収することが一般的であったため，ボロワーの財務内容や事業の状況について融資契約上で誓約させる必要がほとんどなかったのです。ところが最近は，他の債権者と銀行との間にボロワーの情報の非対称性の存在は認められなくなり，銀行とボロワーとの情報のやり取りは昔に比べると希薄になっています。また，不動産の価値は以前よりは不確実なものとなりました。さらに必要以上の担保・保証に依存せず，ボロワーの財務健全性や事業の状況の継続・安定性に重きを置いた融資の促進が金融当局からも求められています。そのため最近では，ボロワーの審査を通じて与信を決定する前提となったボロワーの事実関係を「維持」することを目的に，融資契約書で誓約事項（表明保証も含む）を課す融資が増えるようになりました。このような過度に担保・保証に依存せず，誓約事項を柱とする融資形態はコベナンツファイナンスと呼ばれています。

【誓約事項（Covenants）条項一覧】

肯定的誓約事項

SECTION	条項	要旨
1 肯定的誓約事項	1 肯定的誓約事項	融資完済まで下記SECTION 2～7の肯定的誓約事項を遵守する。
2 開示	1 財務諸表の提出（コーポレートファイナンス）	財務諸表を規定どおり提出しなければならない。
	1 財務諸表の提出（プロジェクトファイナンス）	財務諸表を規定どおり提出しなければならない。
	3 通知（コーポレートファイナンス）	ボロワーに関する重要な情報を通知しなければならない。
	4 通知（プロジェクトファイナンス）	ボロワーやプロジェクトに関する重要な情報を通知しなければならない。
3 検査	1 検査・帳簿管理（コーポレートファイナンス）	財務諸表を適切に管理し，レンダーの要求に従い財務諸表や資産の検査を認めなければならない。
	2 検査・帳簿管理（プロジェクトファイナンス）	財務諸表を適切に管理し，レンダーの要求に従い財務諸表や資産の検査を認めなければならない。
	3 レンダーミーティング	1年に1回レンダーおよびエージェントとミーティングをしなければならない。
4 維持	1 保険付保（コーポレートファイナンス）	必要な保険を付保し，維持継続しなければならない。
	2 保険付保（プロジェクトファイナンス）	必要な保険を付保し，維持継続しなければならない。
	3 所有権	付保可能な所有権を維持しなければならない。
	4 権利保護・追加措置	誓約事項と義務を履行および遵守し，重要な権利を保護しなければならない。
	5 法的存在維持	法的な存在や事業に必要な権利等を維持しなければならない。

	6 事業維持	事業のための権利等を維持し，定められた事業のみに従事しなければならない。
	7 格付付与維持	格付付与を維持する合理的努力を行わなければならない。
5 法令遵守	1 法令遵守	ボロワーに適用される法令等を遵守しなければならない。
	2 法令遵守・許認可	プロジェクトに関する法令や許可を遵守しなければならない。必要な許可を取得維持しなければならない。
	3 税金支払	支払期日が到来した税金や公共料金を支払わなければならない。
	4 環境関連事項	環境関連の違反やクレームに対して適切に行動しなければならない。
6 パリパス	1 パリパス	債務が他の無担保かつ非劣後の債務と少なくとも同順位でなければならない。
7 プロジェクトファイナンス固有（肯定的誓約事項）	1 独立	ボロワーと親会社等のその他企業体との会計帳簿や資金，資産は切り分けて管理し，ガバナンスも別体制としなければならない。
	2 出資義務	出資者に対して出資義務額を拠出させなければならない。
	3 資金充当方法	ボロワーの資金は規定どおりに充当されなければならない。
	4 金利固定	ヘッジ契約を締結しタームファシリティの元本残高の 100 %以上に対して金利固定を行わなければならない。
	5 建設	EPC 契約等に基づいて建設し，決められた期日までに完工を達成させなければならない。完工には必要事項すべてが満たされているようにしなければならない。
	6 操業・予算・報告	プロジェクトを良好な操業状態に維持しなければならない。年間操業計画，年間予算，および月次毎の操業報告書をエージェントに提出しなければならない。
	7 性能試験	各会計年度末に性能試験を実施しなければならない。

否定的誓約事項

SECTION	条項	要旨
8 否定的誓約事項	1 否定的誓約事項	融資完済まで下記 SECTION 9～13 の否定的誓約事項を遵守する。
9 リーエン	1 リーエン（コーポレートファイナンス）	ボロワーの財産・資産に Lien（リーエン）を設定，負担，引き受け，または存在させることを認めてはならない。
	2 リーエン（プロジェクトファイナンス）	ボロワーの財産・資産および株式に Lien（リーエン）を設定，負担，引き受け，または存在させることを認めてはならない。
10 追加債務	1 追加債務	予め認められた借入を除き追加の債務を負ってはならない。
	2 偶発債務	第三者の保証人になってはならない。
	3 リース取引	認められたリース以外でリース契約を締結してはならない。
11 信用力変化	1 配当（コーポレートファイナンス）	配当金の支払を行ってはならない。ただし不履行がなく限度額までなら可能。
	2 配当（プロジェクトファイナンス）	配当金の支払は定められた場合以外では行ってはならない。
	3 資産売却	ボロワーの資産を売却してはならない。
	4 組織関係契約の修正	組織関係契約やその契約内に定められた用語の定義を変更してはならない。
	5 企業活動（コーポレートファイナンス）	現在の事業以外に関わってはならない。
	6 企業活動（プロジェクトファイナンス）	プロジェクトの運営以外の活動に関わってはならない。
	7 子会社・合弁会社設立	子会社の設立や，他者と合弁契約を締結してはならない。
	8 会社清算・合併・統合	会社の清算，合併，事業統合を行ってはならない。
	9 余資運用	余剰資金の運用は定められた方法以外で行ってはならない。

	10 関係会社取引	関係会社との取引を行ってはならない。行う場合はアームスレングスの取引条件を確保すること。
12 財務制限条項	1 デットサービスカバレッジレシオ	デットサービスカバレッジレシオは 1.5 を下回ってはならない。
13 プロジェクトファイナンス固有（否定的誓約事項）	1 主要契約変更	プロジェクトの存続に関わるような重要な契約をレンダーの承認なしに変更または解約してはならない。
	2 建設予算変更	建設予算の修正，変更発注，および修正計画を実施してはならない。
	3 追加契約	追加プロジェクト契約を締結してはならない。
	4 預金口座	小口現金用口座以外の預金口座を持ってはならない。
	5 有害・危険物	有害物質や危険物の取扱いが違法行為となってはならない。
	6 商品ヘッジ契約	認められたもの以外の商品ヘッジ契約を締結してはならない。

SECTION 1

肯定的誓約事項

1　肯定的誓約事項　コーポレート　プロジェクト

融資完済まで下記 SECTION 2～7 の肯定的誓約事項を遵守する。

The Borrower covenants and agrees with each Lender Party that so long as this Agreement shall remain in effect and until the Commitments have been terminated, the principal of and interest on each Loan, all Fees and all other expenses or amounts payable under any Loan Document shall have been paid in full, the Borrower shall abide by the following affirmative covenants.

本融資契約が有効である限り，かつコミットメントが解約され，融資の元本金利，融資契約書において支払うべきすべての手数料やその他費用，金額がすべて返済されるまで，ボロワーは以下の肯定的誓約事項を守らなければならないことをレンダーに誓約かつ同意する。

ポイント

ボロワーが以下の肯定的誓約事項を守ることを義務付けています。肯定的誓約事項はボロワーが返済義務を負うすべての元利金，費用等の返済が完了するまで継続的に誓約義務が課されます。短い文章ですが，切れ目が分かりにくいかもしれません。目的語となる“that”以下の節は，“so long as”以下と，“until”以下に分かれて修飾され，“the Borrower shall”が“that”以下の主文となることが分かれば，意味が通じます。肯定的誓約事項違反は，債務不履行事由となります（第 3 章 SECTION 4 1 即時誓約事項違反　2 猶予付き誓約事項違反）。肯定的誓約事項は，ボロワーが返済義務を負うすべての元利金，費用等の返済が完了するまで継続的に誓約義務が課されます。

> The Borrower (S) covenants and agrees (V) with each Lender Party that (so long as this Agreement shall remain in effect) and (until the Commitments have been terminated, the principal of and interest on each Loan, all Fees and all other expenses or amounts payable under any Loan Document shall have been paid in full,) the Borrower shall abide by the following affirmative covenants. (O)
>
> （　）と（　）がand接続

SECTION 2

開示

1　財務諸表の提出（コーポレートファイナンス）

コーポレート

財務諸表を規定どおりに提出しなければならない。

Financial Statements.

(a) Annual Statements. The Borrower will furnish to the Administrative Agent and each Lender, within 90 days after the end of each fiscal year, its audited consolidated balance sheet and related statements of operations, stockholders' equity, and cash flows as of the end of and for such year, setting forth in each case in comparative form the figures for the previous fiscal year, all reported on by independent public accountants of recognized national standing to the effect that such consolidated financial statements present fairly in all material respects the financial condition and results of operations of the Borrower and its consolidated subsidiaries on a consolidated basis in accordance with GAAP consistently applied.

(b) Quarterly Statements. The Borrower will furnish to the Administrative Agent and each Lender within 45 days after the end of each of its the first three fiscal quarters of each fiscal year, its consolidated balance sheet and related statements of operations, stockholders' equity, and cash flows as of the end of and for such fiscal quarter and the then elapsed portion of the fiscal year, setting forth in each case in comparative form the figures for the corresponding period or periods of (or, in the case of the balance sheet, as of the end of) the previous fiscal year, all certified by one of its Chief Financial Officers as presenting fairly in all material respects the financial condition and results of operations of the Borrower and its consolidated Subsidiaries on a consolidated basis in accordance with GAAP consistently applied, subject to normal year-end audit adjustments and the absence of footnotes.

財務諸表の提出

(a) 年次報告書。ボロワーは，各会計年度末から90日以内に，監査済み連結ベースの貸借対照表，損益計算書，株主資本等変動計算書，およびキャッシュフロー計算書をエージェントおよび各レンダーに提出しなければならない。それは期末時点およびその会計年度通期を示すもので，それぞれの場合に前年度の数値を比較形式で示している。また，継続適用されるGAAPに準拠して，連結ベースのボロワーおよびその連結子会社の財政状態ならびに経営成績をすべての重要な点について，連結財務諸表が公正に表しているという旨の報告が独立公認会計士によってなされている。

(b) 四半期報告書。ボロワーは，各会計年度の最初の各3四半期末45日以内に，四半期末時点および会計年度の累計の連結貸借対照表および損益計算書，株主資本等変動計算書，およびキャッシュフロー計算書に関連するステートメントをエージェントおよび各レンダーに提出しなければならない。そこでは前年度の対応する期間の数値を比較形式（貸借対照表の場合，前会計年度末対比）で示している。また，継続適用されるGAAPに準拠して，連結ベースのボロワーおよびその連結子会社の財政状態および経営成績をすべての重要な点について公正に表していると最高財務責任者が証明しており，通常の会計年度末の監査による調整および脚注は不要とする。

ポイント

コーポレートファイナンスで用いられる財務諸表の提出義務の例です。年間財務諸表と四半期毎の財務諸表では扱いが異なっていることがわかります。年間財務諸表は監査の必要がある一方，四半期財務諸表であれば最高財務責任者の証明のみとしています。本条の契約交渉では，このような監査済とするかどうか，連結財務諸表とするか単体財務諸表とするか，提出締切日は決算日以降何日とするかなどが議論となりますが，社内の決算書作成部署と入念に調整しておく必要があるでしょう。

2　財務諸表の提出（プロジェクトファイナンス）

プロジェクト

財務諸表を規定どおりに提出しなければならない。

Financial Statements.

The Borrower shall deliver or cause to be delivered to the Administrative Agent:

(a) within 120 days after the end of each fiscal year, a balance sheet and related statements of operations, cash flows and owners' equity showing the consolidated financial position of the Borrower as of the close of such fiscal year and the results of its operations during such year and setting forth in comparative form the corresponding figures for the prior fiscal year, together with a report thereon by independent public accountants of recognized national standing reasonably acceptable to the Administrative Agent and accompanied by an opinion of such accountants (which report shall be unqualified as to going concern and scope of audit, and shall state that such consolidated financial statements fairly present, in all material respects, the consolidated financial position of the Borrower as at the dates indicated and the results of its operations and its cash flows for the periods indicated in conformity with GAAP applied on a basis consistent with prior years (except as otherwise disclosed in such financial statements) and that the examination by such accountants in connection with such consolidated financial statements has been made in accordance with generally accepted auditing standards);

(b) within 60 days after the end of each of the first three fiscal quarters of each fiscal year, a balance sheet and related statements of operations and cash flows showing the consolidated financial position of the Borrower as of the close of such fiscal quarter and the results of its operations during such fiscal quarter and the then-elapsed portion of the fiscal year and setting forth in comparative form the corresponding figures for the corresponding periods of the prior fiscal year, all certified by a Chief Financial Officer of the Borrower, on behalf of the Borrower, as fairly presenting, in all material respects, the consolidated financial position and results of operations of the Borrower in accordance with GAAP (subject to normal year-end audit adjustments and the absence of footnotes); and

(c) (i) concurrently with any delivery of financial statements under (a) and (b) above, a certificate of a Chief Financial Officer of the Borrower (A) certifying that no Event of Default or Default or Change of Control has occurred or, if an Event of Default or Default or Change of Control has occurred, specifying the nature and extent thereof and any corrective action taken or proposed to be taken with respect thereto and (B) commencing with the first full fiscal period ending after the Completion Date, setting forth computations in reasonable detail satisfactory to the Administrative Agent demonstrating compliance with the Financial Performance Covenant, (ii) concurrently with any delivery of financial statements under (a) and (b) above, a Narrative Report, and (iii) concurrently with any delivery of financial statements under (a) above, a certificate of the accounting firm opining on or certifying such statements stating whether they obtained knowledge during the course of their examination of such statements of any Default or Event of Default under the Financial Performance Covenant (which certificate may be limited to accounting matters and disclaim responsibility for legal interpretations).

財務諸表の提出

　ボロワーはエージェントに下記を提出するか，または提出させなければならない。

(a) 各会計年度末から120日以内に，年度末時点のボロワーの連結ベースの貸借対照表，損益計算書，キャッシュフロー計算書と株主資本等変動計算書。それらは1年間の経営成績と直前期との比較ができる形で示しており，エージェントが合理的に受け入れ可能な独立公認会計士の報告書が付されている（その報告書では継続企業の前提（ゴーイングコンサーン）と監査の範囲に問題がないと報告され，適用されるGAAPに準拠して期末時点でのボロワーの連結財務状態と年間の経営成績とキャッシュフローが前年度と一致する基準で（ただし財務諸表に別段の定めのある場合は除く），連結財務諸表があらゆる重要な観点で公正に表していると述べられており，連結財務諸表に関する会計士による監査は一般に認められた監査基準に従って行われたと述べられている）。

(b) 各会計年度の最初の3四半期末から60日以内に，貸借対照表，損益計算書，キャッシュフロー計算書。それらは各4半期末時点のボロワーの連結財務状況および各四半期の経営成績を示すもので，各四半期と会計年度累計とが直前期と比較できる形で示しており，GAAPに準拠して（ただし年度末の通常の監査による調整および脚注は省かれることを条件とする）ボロワーの連結財務状態と経営成績とキャッシュフローを，連結財務諸表が，あらゆる重要な観点で公正に示していると，ボロワーに代わり最高財務責任者が証明している。

(c) (i) 上記（a）（b）に基づく財務諸表の提出と同時に，（A）債務不履行事由もしくは不履行がないこともしくは支配権の異動がないこと，または，もし債務不履行事由，不履行，もしくは支配権の異動がある場合は，その状況と評価およびその違反に対処すべく取られた，もしくは取られようとしている是正措置状況を証明するボロワーの最高財務責任者の証明書。ならびに（B）完工日以降最初に一年間の会計年度が終わる際，財務制限条項を遵守していることを実証する計算結果をエージェントに合理的かつ詳細かつ満足のいく形で説明を始めているというボロワーの最高財務責任者の証明書。(ii) 上記 (a) (b) に基づく財務諸表の提出と同時に，操業状況の報告書。ならびに (iii) 上記 (a) に基づく財務諸表の提出と同時に，財務制限条項における不履行および債務不履行事由の有無についての検査の過程で何らかの知見を得たかにどうかについての会計法人の意見ないし証明（この証明書は会計事項に限定され法的解釈については免責されるものとする）。

ポイント

本条はプロジェクトファイナンスを前提としたボロワーの財務諸表類の提出の誓約です。コーポレートファイナンスに比べると多くの資料を提出することが規定されています。本条文では年度決算書は年度決算日から120日以内，各4半期決算書は4半期末から60日以内（日数は一例です）に提出することとなっていますが，現実にはSPCの決算部署や会計監査法人の作業を想定した上で，提出に必要な時間がどれほどかかるかを想定して期限を設定します。

プロジェクトファイナンスではボロワーの財務諸表だけでなく，スポンサーや中間持株会社の財務諸表も提出対象とすることもあります。また，財務諸表の提出と同時に提出する資料も多岐にわたることが多いのがプロジェクトファイナンスの特徴です。

3　通知（コーポレートファイナンス）　コーポレート

ボロワーに関する重要な情報を通知しなければならない。

Notices.

The Borrower will furnish to the Administrative Agent and each Lender notice of the following promptly after any Senior Officer obtains knowledge thereof: (i) the occurrence of any Default; (ii) the filing or commencement of any action, suit, or proceeding by or before any arbitrator or Governmental Authority against or affecting the Borrower or any subsidiary that, if adversely determined, could reasonably be expected to result in a Material Adverse Effect; (iii) the assertion of any Environmental Claim by any Person against, or with respect to the activities of, the Borrower or any subsidiary and any alleged violation of or noncompliance with any Environmental Laws or any permits, licenses, or authorizations, other than any Environmental Claim or alleged violation that, if adversely determined, could not reasonably be expected to result in a Material Adverse Effect; and (iv) any other development that results in, or could reasonably be expected to result in, a Material Adverse Effect. Each notice delivered under this Section shall be accompanied by a statement of Chief Financial Officer or other executive officer of the Borrower setting forth the details of the event or development requiring such notice and any action taken or proposed to be taken with respect thereto.

通知

ボロワーは，シニアオフィサーが下記（i）～（iv）を知り得た時点で，直ちにエージェントおよび各レンダーへ通知しなければならない。(i) 不履行の発生。(ii) 仲裁人または政府機関による，ボロワーまたは子会社に影響を与え，もし敗訴した場合，重大な悪影響を与えると合理的に予想される訴訟，控訴，訴訟手続の提起または開始。(iii) ボロワーまたは子会社に対してまたはその活動に関する環境関連クレームの主張，および環境法もしくは許認可，ライセンス，もしくは承認の違反の疑いまたは不遵守。ただし，不利な決定を受けたとしても，重大な悪影響をもたらすとは合理的に予想されない環境関連クレームまたは違反の疑いは除く。(iv) 重大な悪影響をもたらす，またはもたらすと合理的に予想されるその他の事象の進展。本条に基づいて提出される各通知には，そのような通知を必要としたイベントまたは事象の進展の詳細，およびそれに関して取られた，または取られることを提案された行動を説明する，最高財務責任者または他の役員の説明が添付されなければならない。

ポイント

コーポレートファイナンスで用いられる通知義務の例です。本条項では，(i) 不履行の発生，(ii) 訴訟，(iii) 環境関連，(iv) 重大な悪影響をもたらす事象の進展の 4 点を挙げています。ボロワーは，レンダーに直ちに必要な情報を「通知する」義務があることを誓約しています。レンダーにとって債権保全・債権の回収は，「時間」が決め手となります。ボロワーの一般財産から，他の債権者に先駆けていち早く回収するためには「すぐに動ける」ことが必要です。そのためにも取引先の最新の情報が必要です。

通知の義務が必要な情報とは，ボロワーやボロワーのプロジェクトの信用力に影響を及ぼす恐れのある事象です。とはいえ，どこまでの範囲の情報をレンダーが必要とするかということは，レンダーとボロワーとの間で議論になります。レンダーとしては，信用力の劣化をいち早く検知できるような詳細な情報提供を求める誓約事項とすべきですが，ボロワーの事業運営に過度な負担とならないようにしなければなりません。その解の 1 つが「material change（重大な変更）」や「could reasonably be expected to have a Material Adverse Effect（重大な悪影響をもたらすと合理的に予想される）」などを使い，ボロワーに一定の判断余地を持たせつつも，適時適切に情報を提供するようにインセンティブを持たせる方法です。次に，プロジェクトファイナンスでの通知義務の条文を見てみます。

4　通知（プロジェクトファイナンス）　プロジェクト

ボロワーやプロジェクトに関する重要な情報を通知しなければならない。

Notices.

(a) The Borrower shall promptly, upon acquiring notice or giving notice, as the case may be, or obtaining Knowledge thereof, give written notice to the Administrative Agent (which shall be forwarded by the Administrative Agent to each Lender) of;

(i) the filing or commencement of, or any written threat or written notice of intention of any Person to file or commence, any material action, suit or proceeding, whether at law or in equity or by or before any Governmental Authority or in arbitration, against the Borrower or involving the Project;

(ii) any dispute between the Borrower and any Governmental Authority involving the revocation, modification, failure to renew or the like of any material Applicable Permit or the imposition of additional material conditions with respect thereto;

(iii) (A) any Event of Default or Default or (B) any material breach or default under any Major Project Contract;

(iv) any casualty, damage or loss to the Borrower or the project, whether or not insured, through fire, theft or other hazard, if such casualty, damage or loss affects the Borrower or the Project in excess of $200,000 for any one such event or in the aggregate in any policy period;

(v) any early cancellation or material change in the terms, coverage or amounts of any insurance;

(vi) any termination or material amendment of any Major project Contract, including any material change order or request for any material change order under the EPC Contract;

(vii) any material event of force majeure asserted under any Project Contract and, to the extent reasonably requested by the Administrative Agent and reasonably available to the Borrower, copies of related invoices, statements, supporting documentation, schedules, data or affidavits delivered under such Project Contract;

(viii) any condemnation, taking by eminent domain or other taking or seizure by a Governmental Authority with respect to a material portion of the Project;

(ix) any modification, expiration or revocation of any Permit that could reasonably be expected to have a Material Adverse Effect, and

(x) any other development that is not a matter of general public knowledge and that has had, or could reasonably be expected to have, a Material Adverse Effect.

(b) The Borrower shall provide, with reasonable promptness, to the Administrative Agent, any other information with respect to the Borrower or the Project as is reasonably requested by the Applicable Agent or any Lender (which request shall be made through the Administrative Agent).

通知

(a) ボロワーは，連絡を受けもしくは連絡し次第，または認識次第，エージェントに対して，下記について書面で通知を迅速に行わねばならない(その通知はエージェントによって各レンダーに転送されなければならない)。

(i) コモンローもしくは衡平法であるかどうか，または政府機関によるものかもしくは政府機関へ行く前であるかどうか，または仲裁であるかどうかにかかわらず，ボロワーもしくはプロジェクトに対して，重大な訴訟，控訴，訴訟手続の提起もしくは開始がある場合。またはある人物がそうしようとする意図の書面での脅迫や通知。

(ii) ボロワーと政府機関との間での許可取消，変更，更新不可，取得の必要な重要な許認可，それらに関する重要な追加義務に関しての紛争。

(iii) (A) 債務不履行事由または不履行，(B) 主要プロジェクト契約における重大な違反または不履行。

(iv) 付保の有無や火災，窃盗その他の危険によるかどうかにかかわらず，ボロワーやプロジェクトに対する事故，損害，損失。ただしその事故，損害，損失が，ボロワーやプロジェクトに対して1回あたりまたは保険期間における合計で＄200,000超の影響を与える場合。

(v) 保険の条件，補償範囲，保険金額の早期解除または重大な変更。

(vi) EPC（Engineering Procurement Constrution）契約（設計調達建設契約）における重大な仕様変更または重大な仕様変更の要求を含む主要プロジェクト解除または重大な変更。

(vii) プロジェクト契約において宣言された重大なフォースマジュール

事象。エージェントによって合理的に要求され，ボロワーが合理的に入手可能な範囲で，プロジェクト契約において提出される関連の請求書，報告書，補足文書，スケジュール，データ，供述書の写し。

(viii) プロジェクトの重要な部分に関する，政府機関による接収，土地収用，またはその他の取得，差し押さえ。

(ix) 重大な悪影響をもたらすと合理的に予想される許認可の変更，停止，取り消し。

(x) 重大な悪影響をもたらした，もしくはもたらすと合理的に予想される公知の情報でない事象の進展。

(b) その役割を選任されたエージェントもしくはエージェントを通じてレンダーから要求があった際，ボロワーは合理的は範囲で迅速にエージェントに対してボロワーやプロジェクトに関するその他の情報を提供しなければならない。

ポイント

プロジェクトファイナンスでの通知義務の例となります。コーポレートファイナンスに比べると通知の範囲が広いです。プロジェクトファイナンスは，単体の新規事業向けの融資であるため，外部要因の影響で信用力の劣化が急速に進みやすいという特徴があります。そのため，通知事項を詳細に設定するケースがよく見られます。ボロワーから見れば，信用力の劣化に関連する通知義務にインセンティブを持ちにくい面があります。したがって，上記（iii）（A）の「債務不履行事由または不履行」の発生という重要な通知義務に関して，その通知義務違反を「即時の」債務不履行事由として取り扱うことで，通知義務のインセンティブを高めることがあります。(a)（iv）の金額（＄200,000）は一例です。

SECTION 3

検査

1　検査・帳簿管理（コーポレートファイナンス）

コーポレート

財務諸表を適切に管理し，レンダーの要求に従い財務諸表や資産の検査を認めなければならない。

Inspection Rights, Books and Records

The Borrower will permit any representatives designated by the Administrative Agent or any Lender, upon reasonable prior notice and at the expense of the borrower, to visit and inspect its properties, to examine and make extracts from its books and records, and to discuss its affairs, finances, and condition with its officers and independent accountants, all at such reasonable times and as often as reasonably requested. The Borrower will keep proper books of record and account in which full, true and correct entries are made of all dealings and transactions in relation to its business and activities.

検査・帳簿管理

ボロワーは，合理的な事前通知に基づいて（ボロワーの費用負担で），エージェントまたはレンダーによって指定された代表者がボロワーの資産等を訪問および実査することや，ボロワーの帳簿と記録を調査およびそこから抜粋を作成することを許可しなければならない。またボロワーの業務，財務，および状態について，ボロワーの役員および独立会計士と共に，合理的な時期に，合理的に要求された頻度で話し合うことを許可しなければならない。また，ボロワーは適切に口座や帳簿書類を適切に管理するものとし，その完全で正確な記録はボロワーの事業および活動に関するすべての取引から作られているものとする。

ポイント

コーポレートファイナンスでの検査や帳簿の管理に関する誓約事項です。レンダーがボロワーの帳簿や記録の閲覧や検査を行うほか，プラント等を訪問，実査することを許可する，事業等の活動を帳簿で適切に記録・管理することを誓約しているものです。

2　検査・帳簿管理（プロジェクトファイナンス）

プロジェクト

財務諸表を適切に管理し，レンダーの要求に従い財務諸表や資産の検査を認めなければならない。

Maintenance of Records, Access to Properties and Inspections.

The Borrower shall maintain all financial records in accordance with GAAP and permit any Persons designated by any Agent or Lender to visit and inspect the Borrower's financial records, the Project and the other properties of the Borrower at reasonable times, upon reasonable prior notice to the Borrower, and as often as reasonably requested and to make extracts from and copies of such financial records, and permit any Persons designated by any Agent or Lender upon reasonable prior notice to the Borrower to discuss the affairs, finances and condition of the Borrower with the officers thereof and independent accountants therefor (subject to reasonable requirements of confidentiality, including requirements imposed by law or by contract).

検査・帳簿管理

ボロワーは，GAAPに従ってすべての財務記録を維持保有しなければならない。また，エージェントまたはレンダーによって指定された人物が，ボロワーへの合理的な事前通知に基づいて，合理的な時期にボロワーの財務記録，プロジェクト，およびその他の資産を訪問および検査することを許可しなければならない。そして合理的に要求される都度，そのような財務記録から抜粋およびコピーを作成することを許可しなければならない。またエージェントまたはレンダーによって指定された人物が，ボロワーへの合理的な事前通知に基づいて，ボロワーの業務，財政および状態についてボロワーの役員および独立会計士と話し合うことを許可しなければならない（法律または契約によって課される要件を含み，合理的に求められる守秘義務を前提とする）。

ポイント

プロジェクトファイナンスの場合もコーポレートファイナンスと内容はほぼ一緒です。ここでは“at reasonable times, upon reasonable prior notice to the Borrower, and as often as reasonably requested”と，よりボロワーに過度な負担とならないように前提条件を入れています。実際にレンダーやエージェントによるプロジェクトの現場の実査は頻繁に行われます。

3　レンダーミーティング　プロジェクト

1年に1回，レンダーおよびエージェントとミーティングをしなければならない。

Lender Meetings.

The Borrower shall, upon the request of Administrative Agent or Required Lenders, participate in a meeting of Administrative Agent and Lenders once during each fiscal year to be held at such location as may be agreed to by Borrower and Administrative Agent at such time as may be agreed to by the Borrower and Administrative Agent.

レンダーミーティング

ボロワーは，エージェントまたは過半数のレンダーからの要請があり次第，エージェントとレンダーによる各会計年度につき１回のミーティングに参加しなければならない。場所と時間はボロワーとエージェントとが合意したものとする。

ポイント

ボロワーが１年に１回レンダーおよびエージェントとミーティングをすることを誓約させるものです。エージェントだけではなく，全レンダーが直接面談することでボロワーの状況の変化をより確実に確認することができます。プロジェクトファイナンス特有の条項です。年１回は一例です。

SECTION 4

維持

1　保険付保（コーポレートファイナンス）　コーポレート

必要な保険を付保し，維持継続しなければならない。

Insurance.

The Borrower will maintain, with financially sound and reputable insurance companies, insurance in such amounts and against such risks, and with such deductibles, as in each case are customarily maintained by companies engaged in the same or similar businesses, owning similar properties and operating in the same or similar locations.

保険付保

ボロワーは，財務的に健全で信頼できる保険会社との間で，同様または類似の場所で，同様または類似の事業に従事し，類似の資産を所有・操業する会社が付保する業界標準的な保険金額，対象リスク，および免責額の保険を維持しなければならない。

ポイント

ボロワーが保険の付保を誓約するコーポレートファイナンスでの事例です。レンダーは基本的に，業界標準と同レベルの保険金額，対象リスク，免責額の保険の付保を義務付けます。付保を求められる保険の事例は次のとおりです。

(a)　財物損害オール・リスク保険

(b)　第三者賠償責任保険

(c)　事業中断保険

(d)　労働者災害補償保険

(e)　洪水保険

(f)　経営幹部保険

次に，プロジェクトファイナンスでの保険付保の条文を見てみます。

2　保険付保（プロジェクトファイナンス）　プロジェクト

必要な保険を付保し，維持継続しなければならない。

Maintenance of Insurance.

(a) The Borrower shall, without cost to the Lenders, maintain or cause to be maintained on its behalf in effect at all times the types of insurance required pursuant to Schedule X in the amounts and on the terms and conditions specified therein and apply any Loss Proceeds received in accordance with the Depositary Agreement. If the Borrower fails to take out or maintain the full insurance coverage required by this Section, the Administrative Agent, upon 5 Business Days' prior notice (unless the aforementioned insurance would lapse within such period or has already lapsed, in which event notice shall not be required) to the Borrower of any such failure, may (but shall not be obligated to) take out the required policies of insurance and pay the premiums on the same. All amounts so advanced by the Administrative Agent shall become Secured Obligations and the Borrower shall forthwith pay such amounts to the Administrative Agent, together with interest from the date of payment by the Administrative Agent at the rate.

(b) The Borrower shall, within 30 days of each annual policy renewal date, deliver to the Administrative Agent a certificate of a Authorized Officer of the Borrower, certifying that (i) the insurance requirements of this Section have been implemented and are being complied with in all material respects, (ii) the Borrower has paid all insurance premiums then due and payable, and (iii) the Borrower is in compliance in all material respects with the Borrower's insurance policies.

保険付保

(a) ボロワーはレンダーに費用を発生させることなく，ScheduleXに従って必要とされる付保金額と条件で，保険と維持しなければならない，または維持するように仕向けなければならない。また保険金は預託契約に基づき受領できるようになければならない。もしボロワーが本条文で必要とされる付保範囲の保険を掛けることができないまたは維持できない場合は，エージェントがボロワーに対して付保されていないことを通知してから5営業日経過後（ただし前述の保険がその5営業日内に切れる，もしくはすでに切れていて，その通知を必要としない場合は除く），エージェントが必要とされる保険を掛け，同様の保険料を支払うことができる（ただし掛ける義務があるわけではない）。エージェントによって立替え払い（前払）された金額は償還を必要とするものとなり，ボロワーは即座にエージェントにその金額に金利を加えて支払わなければならない。

(b) ボロワーは，保険契約更改日後30日以内にエージェントにボロワーの責任者による証明書を提出しなければならない。その証明書は，(i)保険要件が満たされており，すべての重要な点に従っているということ，(ii) ボロワーはその際に支払うべき保険料を支払済であること，(iii)ボロワーはすべての重要な点に関して保険契約に従っていることを証しているものとする。

ポイント

プロジェクトファイナンスの場合，全資産を担保とすることから，レンダーからフルカバーの保険の付保を求められます。本条文は必要な保険を付保し，維持継続しなければならないことを誓約するものです。保険事故による保険金は自動的にボロワーの受取りとはならず，預託契約に基づきレンダーが一義的に管理することになります。また，保険の更新をボロワーが怠った場合は，エージェントが一旦保険料を立て替えて付保することができるものとしています。無保険の間に事故災害が起こることを懸念するためです。

通常のプロジェクトファイナンスで付保が求められる保険の種類は，建設期間中の貨物海上保険，工事組立オール・リスク保険，第三者賠償責任保険，操業期間中の財物損害オール・リスク保険，事業中断保険，第三者賠償責任保険などがあります。財物損害保険は全損を前提した付保を，事業中断保険は月単位の操業停止期間を前提とした付保を求められます（どちらも保険コストがかさむものです）。

3 所有権 コーポレート プロジェクト

付保可能な所有権を維持しなければならない。

Warranty of Title.

The Borrower shall maintain (a) good, marketable (subject to the terms of the Transaction Documents) and insurable title in its real property interest in the Mortgaged Property, subject only to Permitted Liens, and (b) good, marketable (subject to the terms of the Transaction Documents) and insurable title to all of its other properties and assets (that are individually or in the aggregate material), subject only to Permitted Liens.

所有権の保証

ボロワーは，(a) ボロワーが予めレンダーの承認を得たリーエンのみを除いて，抵当不動産における不動産の所有権について良好で（本融資契約・プロジェクト契約の条件に従った）市場性のある付保可能な所有権を維持しなければならない。かつ，(b) ボロワーが予めレンダーの承認を得たリーエンのみを除いて，ボロワーのその他所有物や財産・資産（個別・総体を問わず重要なもの）のすべてに対して良好で（本融資契約・プロジェクト契約の条件に従った）市場性のある付保可能な所有権を維持しなければならない。

ポイント

ここでのTitleは所有権のことです。売買契約等でのWarranty of Title（所有権の保証）とは，売手が所有権を移転する権利を有し，第三者の担保権等が設定されていないことを売手が買手に保証すること（瑕疵担保責任に近いもの）ですが，本条文ではボロワーに対しボロワーの資産に完全な所有権を維持することを誓約させる事項です。

前半の（a）は，抵当権の設定された抵当不動産に対する所有権であり，後半の（b）は，その他の資産のうち重要なものの所有権を有することを保証させています。初出の「Lien（リーエン）」は日本語に翻訳しにくい単語です。Lienは先取特権と訳されることもありますが，必ずしも先取特権だけではなく，いわゆる担保権全般に近い意味を持ちますので，本書では今後リーエンと訳します。本来ボロワーはレンダーに無断で担保を提供してはなりませんが，予めその例外を定めて担保として提供可能な（許可された）対象担保権を「Permitted Liens」と定義しています。なお，表明保証にも所有権の条項がありますが，肯定的誓約事項よりも，広範囲の内容となっています（第5章 **SECTION 4** 2所有権（コーポレートファイナンス），3所有権（プロジェクトファイナンス））。

4　権利保護・追加措置　プロジェクト

誓約事項と義務を履行および遵守し，重要な権利を保護しなければならない。

Preservation of Rights, Further Assurances.

(a) The Borrower shall perform and observe its material covenants and obligations, and preserve, protect and defend its material rights, under all Major Project Contracts.

(b) If the Borrower shall at any time acquire any real property or leasehold or other interest in real properly not covered by the Mortgage, promptly upon such acquisition, the Borrower shall execute, deliver and record a supplement to the Mortgage, reasonably satisfactory in form and substance to the Administrative Agent and the Collateral Agent, subjecting such real property or leasehold or other interests to the lien and security interest created by the Mortgage. If requested by the Administrative Agent, the Borrower shall obtain an appropriate endorsement or supplement to the Title Policy insuring the Lien of the Collateral Agent in such additional property, subject only to the Permitted Liens.

(c) The Borrower shall perform, upon the reasonable request of the Administrative Agent, reasonable acts as may be necessary to carry out the intent of this Agreement and the other Loan Documents.

権利保護・追加措置

(a)　ボロワーは，すべての主要プロジェクト契約に基づいて，ボロワーの誓約事項と義務を履行および遵守し，ボロワーの重要な権利を保護しなければならない。

(b)　ボロワーが，抵当権でカバーされていない不動産の権利またはリース物件またはその他不動産の権利を追加取得する場合はいつでも，取得後速やかに，エージェントおよび担保管理エージェントが形式・内容とも合理的に満足する追加抵当権の設定，交付，および記録を行わなければならない。抵当権を設定することで，不動産の権利または借地権もしくはその他の権利に対してリーエンおよび担保権が設定される。エージェントから要求された場合，ボロワーは，ボロワーが予めレンダーの承認を得たリーエンについてのみを除いて，そのような追加された資産にかかる担保管理エージェントのリーエンを保証する権利証の適切な裏書または追加を取得しなければならない。

(c)　ボロワーは，エージェントの合理的な要求に応じて，本融資契約およびその他の融資契約書の目的を実行するために必要となる合理的な行動を履行しなければならない。

ポイント

ボロワーは，自身の権利を保護しなければならないことを誓約させています。(b) では追加物件への抵当権の適切な追加設定を求めており，(c) ではあらゆる状況にあってもボロワーが必要な行動をとることを求める包括的な誓約事項となっています。本条項はボロワーの全資産を担保とするプロジェクトファイナンスを想定した内容となっています。“in form and substance” は決まり文句で「形式・内容とも」と訳します。

5　法的存在維持　コーポレート

法的な存在や事業に必要な権利等を維持しなければならない。

Existence and Franchises

The Borrower will do all things necessary to preserve, renew, and keep in full force and effect its legal existence and the rights, licenses, permits, privileges, and franchises material to the conduct of its business.

法的存在

ボロワーは，法的存在ならびに自身の事業を遂行する上で重要な権利，ライセンス，許可，特権，およびフランチャイズを維持，更新，および有効とするために必要なすべてを実行しなければならない。

ポイント

法的存在および事業に必要な権利等を維持することを求める条項です。コーポレートファイナンスの場合は，基本的かつ抽象的な表現となることが多い条項ですが，プロジェクトファイナンスの場合は対象を限定したものとなります。

6　事業維持　プロジェクト

事業のための権利等を維持し，定められた事業のみに従事しなければならない。

Maintenance of Existence.

Except as otherwise expressly permitted under this Agreement, the Borrower shall (a) maintain and preserve its existence as a limited liability company and all material rights, privileges and franchises necessary or desirable in the normal conduct of its business and (b) engage only in the business consistent with the Transaction Documents.

事業維持継続

本融資契約に明示的に許可されている場合を除き，ボロワーは，(a) 有限責任会社としての自身の存在を維持するとともに，自身の事業の通常の遂行に必要もしくは望まれるすべての重要な権利や特権やフランチャイズを維持し，かつ，(b) 本融資契約・プロジェクト契約に合致する事業のみに従事しなければならない。

ポイント

プロジェクトファイナンス特有の誓約事項です。プロジェクトファイナンスの場合は，法人としての維持と必要な権利を維持することに加え，取引契約に定められた事業のみに従事すること（兼業禁止）を誓約しています。プロジェクトファイナンスでは，プロジェクトから得られるキャッシュフローのみを返済原資とするため，もしボロワーが定められたプロジェクト以外の事業に手を広げることにより，当該キャッシュフローが見込みどおりとならないことをレンダーは避けようとします。そのため，ボロワーはプロジェクトファイナンスで定められた事業のみを遂行することを求められます。

7　格付付与維持　コーポレート　プロジェクト

格付付与を維持する合理的努力を行わなければならない。

Maintenance of Ratings.

At all times, the Borrower shall use commercially reasonable efforts to maintain in effect a rating issued by Rating Agency with respect to the Facilities.

格付付与維持

ボロワーは，自身の借入金に対して外部信用格付機関による格付付与を常に維持する合理的努力をしなければならない。

ポイント

ボロワーの借入金に対して外部信用格付機関の格付付与を維持することを努力義務として求められている誓約事項です。これによりボロワーの信用力の変化を事前に察知することができます。外部信用格付機関は特定の会社（例えばS&P や Moody's）を指定します。本条項は必要に応じて，挿入します。

SECTION 5

法令遵守

1　法令遵守　コーポレート

ボロワーに適用される法令等を遵守しなければならない。

Compliance with Law.

The Borrower will comply with all laws, rules, regulations, and orders of any Governmental Authority applicable to it or its property, except where the failure to do so, individually or in the aggregate, could not reasonably be expected to result in a Material Adverse Effect.

法令遵守

ボロワーは，ボロワーまたはボロワーの資産に適用される政府機関のすべての法律，規則，規制，および命令を遵守する。ただし，これを怠った場合に，個別にも総体としても，重大な悪影響をもたらすと合理的に予想することはできない場合を除く。

ポイント

コーポレートファイナンスにおける法令遵守を求める誓約事項です。遵守しなくともボロワーに重大な影響を与えない場合は誓約事項の対象から除いています。ここでのポイントはどの法律や規制がその遵守義務対象となるのかという点です。“individually or in the aggregate”はよく見られる表現です。「個別にも総体としても」と訳しますが，1つの法令違反で重大な悪影響を及ぼす場合に加え，1つの法令違反では重大な悪影響を及ぼすことがないとしても，その

1つ1つの法令違反が積み重なった複数の合計で重大な悪影響を及ぼす場合も含むという意味を持ちます。“Material Adverse Effect”は慣用句であり，「重大な悪影響」と訳します。類似の慣用句として，Material Adverse Changeがあり，両者はそれぞれMAE（エムエーイー），MAC（マック）と略して呼ばれます。なお，表明保証にも法令遵守の条項があり，その時点での法令違反がないことを表明保証させています（第5章 SECTION 2 7 訴訟・法令遵守）。

2　法令遵守・許認可　プロジェクト

プロジェクトに関する法令や許可を遵守しなければならない。必要な許可を取得維持しなければならない。

Compliance with Laws, Applicable Permits.

(a) The Borrower shall comply and cause the Project to be constructed, operated and maintained in compliance, in all material respects, with all Legal Requirements, including Environmental Laws and Legal Requirements relating to equal employment opportunity, employee benefit plans and employee safety, and exercise diligent good faith efforts to make such alterations to the Project and the Mortgaged Property as may be required for such compliance.

(b) The Borrower shall obtain, maintain in full force and effect and comply in all material respects with all Applicable Permits, including permits required by Environmental Law.

(c) The Borrower shall deliver to the Administrative Agent, concurrently with the delivery of financial statements, a certificate of a Authorized Officer of the Borrower certifying that the Borrower is in compliance with the provisions of this Section (a) or, if the Borrower is not so in compliance, the nature and extent of the non-compliance and any corrective action taken or proposed to be taken with respect thereto.

法令遵守，必要な許可

(a) ボロワーは，環境法および平等な雇用機会，従業員福利厚生計画および従業員の安全に関連する法的要件を含むすべての法的要件を，すべての重要な観点において遵守してプロジェクトを建設，操業，維持させなければならない。そして法令遵守のために必要となる場合プロジェクトおよび抵当不動産に対する修正に，誠実な努力を払わねばならない。

(b) ボロワーは，環境法で義務付けられている許可を含め，必要となるすべての許可を取得し，それを完全に有効となるよう維持し，すべての重要な観点において遵守しなければならない。

(c) ボロワーは，財務諸表の提出と同時に，ボロワーが上記 (a) の規定に準拠していることを証明するボロワーの責任者の証明書をエージェントに提出しなければならない。またはボロワーがそのように遵守していない場合は，違反の性質と程度，およびそれに関して講じられた，または講じられることが想定される是正措置を提出しなければならない。

ポイント

プロジェクトファイナンスの場合では，プロジェクトの建設操業に密接に関連する環境や雇用に関する法令や許可を遵守することを義務付けることにしています。

3 税金支払 コーポレート プロジェクト

支払期日が到来した税金や公共料金を支払わねばならない。

Taxes.

The Borrower shall pay, or cause to be paid, as and when due and prior to delinquency, all Taxes, assessments and governmental charges of any kind that may at any time be lawfully assessed or levied against or with respect to the Borrower or the Project, and all material utility and other charges incurred in the operation, maintenance, use, occupancy and upkeep of the Project; provided, however, that the Borrower may contest or cause to be contested in good faith any such Taxes, assessments and other charges and, in such event, may permit the Taxes, assessments or other charges so contested to remain unpaid during any period, including appeals, when the Borrower is in good faith contesting or causing to be contested the same by appropriate proceedings, so long as (a) reserves reasonably satisfactory to the Administrative Agent have been established on the Borrower's books in an amount sufficient to pay any such Taxes, assessments or other charges, accrued interest thereon and potential penalties or other costs relating thereto, or other provision for the payment thereof reasonably satisfactory to the Administrative Agent shall have been made, (b) enforcement of the contested Tax, assessment or other charge is effectively stayed for the entire duration of such contest and (c) any Tax, assessment or other charge determined to be due, together with any interest or penalties thereon, is immediately paid after resolution of such contest.

税金支払

ボロワーは支払期日が到来し延滞になる前に，ボロワーまたはプロジェクトに対して，いつでも合法的に査定または徴収される可能性のあるあらゆる種類のすべての税金，査定額，および政府の費用を支払わなければならない，または支払をさせなければならない。また，プロジェクトの操業，維持，使用，および占有において発生したすべての重要な公共料金およびその他の料金の支払も同様である。ただし，ボロワーは，かかる税金，査定額，またはその他の請求に誠実に異議を唱えることができ，または唱えさせることができる。そのような場合，異議を唱える税金，査定額，またはその他の請求を，不服申立を含む期間中，ボロワーが適切な手続によって誠実に異議を唱え，または唱えさせるのであれば，未払のままにすることができる。ただし，(a) 税金，査定額，またはその他の請求および当該経過利息や潜在的な罰金やその他関連費用を支払うのに十分な，エージェントに合理的に満足のいく準備金がボロワーの帳簿に計上されており，またはエージェントに合理的に満足できるその他の支払準備がなされていること。かつ，(b) 異議を唱えた税金，査定額またはその他の請求の執行は，その異議を唱えた全期間にわたって効力を持ち，かつ，(c) 税金，査定額，またはその他の請求が支払われるべきであると判断された場合，当該延滞税や罰金と合わせて，その異議申立の解決後直ちに支払われることが条件となる。

ポイント

支払期日の到来した税金等や公共料金等を支払うことをボロワーが誓約する条項です。ただし，その税金等の支払が不服である場合は異議申立ができ，その期間は未払のままでよいのですが，当該税金等の支払に足る積立金を準備しておくことや，支払うことになった場合は直ちに支払を行うことが条件となっています。

4　環境関連事項　プロジェクト

環境関連の違反やクレームに対して適切に行動しなければならない。

Certain Environmental Matters.

The Borrower shall promptly take any and all actions necessary to (i) cure any material violation of applicable Environmental Laws by the Borrower, and (ii) make an appropriate response to any Environmental Claim against the Borrower and discharge any obligations it may have to any Person thereunder where failure to do so could reasonably be expected to subject any Secured Party to liability or have, individually or in the aggregate, a Material Adverse Effect.

環境関連事項

ボロワーは，以下のために必要なあらゆる措置を迅速に講じなければならない。(i) 適用されている環境法のボロワーによる重大な違反を是正するための措置，ならびに，(ii) ボロワーに対する環境クレームに適切に対応するための措置，かつ，そうしなかったことにより，担保権者に責任を負わせる，または個別にも総体としても重大な悪影響を及ぼすことが合理的に予想される場合に，他者に対してボロワーが負う義務を果たすための措置。

ポイント

ボロワーが環境関連の違反やクレームに対して適切に行動することを誓約させる条項です。特に環境関連クレームはボロワーに対してだけではなく，環境破壊を起こした機器等の担保権者であるレンダーの責任につながる可能性があるため，上記誓約が求められているものです。

SECTION 6

パリパス

1　パリパス　コーポレート

債務が他の無担保かつ非劣後の債務と少なくとも同順位でなければならない。

Pari Passu Ranking.

The Borrower will promptly take all actions as may be necessary to ensure that the payment obligations of the Borrower hereunder will at all times constitute unsubordinated general obligations of the Borrower ranking at least pari passu with all other present and future unsecured and unsubordinated Debt of the Borrower.

同順位性

ボロワーは，本契約に基づくボロワーの支払義務が，現在および将来の他のすべてのボロワーの無担保および非劣後債務と少なくとも同順位である非劣後の一般債務となることを常に確保するために必要なすべての措置を迅速に講じるものとする。

ポイント

「pari passu（パリパス）」とは元々ラテン語で，債権や債務が同順位であることを意味します。ここでは，ボロワーの債務が法令上の優先債権（労働債権，租税債権等）を除く他の無担保かつ非劣後の債務と少なくとも同順位であることを誓約させています。

海外のコーポレートファイナンスは国内と違って無担保が原則であるため，

本融資契約が無担保であっても，他の無担保融資との同順位を確保し，倒産時の清算手続において本融資のレンダーよりも優先的な取扱いを受ける債権者が現れないようにする目的で設けられています。言い換えれば，本融資よりも優先順位を持つ融資契約（例えば担保を提供した融資契約）を結んではならないことになりますが，本条項のパリパスは「本融資を少なくとも同順位以上にする（先順位となる融資を別途締結してはならない）」という「無担保の債務間の関係」を規定するに過ぎません。したがって，ボロワーの財産・資産にボロワーの他の債務の抵当権等を設定することを禁止する条項であるリーエンの誓約事項（ネガティブプレッジ（negative pledge）条項，第 4 章 **SECTION 9** 1 リーエン（コーポレートファイナンス））を否定的誓約事項に規定します。このように本融資以外で本融資より優先的な債務を負わないようネガティブプレッジ（negative pledge）条項を定めている場合は，肯定的誓約事項での Pari Passu Ranking は省略されることもあります。また，誓約事項ではなく，表明保証のみにこの同順位性が規定されることもあります（第 5 章 **SECTION 4** 7 パリパス）。

SECTION 7

プロジェクトファイナンス固有（肯定的誓約事項）

1　独立　プロジェクト

ボロワーと親会社等のその他企業体との会計帳簿や資金，資産は切り分けて管理し，ガバナンスも別体制としなければならない。

Separate Existence.

The Borrower shall, and shall cause Sponsors to, (a) maintain entity records and books of account separate from those of any other entity which is an Affiliate of such Person, (b) not commingle its funds or assets with those of any other entity which is an Affiliate of such Person, (c) provide that its board of directors or other analogous governing body will hold all appropriate meetings to authorize and approve such Person's actions, which meetings will be separate from those of other entities.

独立した存在

ボロワーは，(a) 企業体の会計帳簿を，関係会社である他の企業体の会計帳簿と別に維持し，かつ，(b) ボロワーの資金または資産を関係会社である他の企業体の資金や資産と混同せず，かつ，(c) ボロワーの取締役会または他の類似の統治機構が，企業活動の認可および承認をするために，その他の企業体の会議とは切り離された形での適切な会議となるようにしなければならない，またボロワーはスポンサーにそうさせなければならない。

ポイント

プロジェクトファイナンスでは，プロジェクトから生み出されるキャッシュフローを返済原資とするため，スポンサーがSPC（Special Purpose Company）と呼ぶ特別目的会社を設立し，事業をスポンサーから切り出し，キャッシュフローを分別し特定する必要があります。これによりプロジェクトという資産はSPCの保有となりスポンサーの直接保有から切り離されますので，スポンサーが倒産しても，プロジェクトの資産やキャッシュフローに悪影響を及ぼすことはありません。また，親会社はボロワーの負債を一義的には支払う義務を負いません（これをノンリコースまたはリミテッドリコースと呼びます）。このために本条文では，ボロワーと親会社等のその他企業体との会計帳簿や資金，資産は切り分けて管理し，ガバナンスも別とすることを求めています。本条項は「倒産隔離」を意味するものです。

2　出資義務　プロジェクト

出資者に対して出資義務額を拠出させなければならない。

Equity Commitments.

(a) The Borrower shall cause the Equity Contributors to fund their respective Equity Commitments as and to the extent required under the Equity Commitment Agreement.

(b) The Borrower shall apply all proceeds of the Equity Commitments to pay Project Costs not funded with the Term Facilities.

出資義務

(a)　ボロワーは，出資契約に基づき必要とされるとき，または必要とされる金額を出資者に対して出資割合に応じた出資義務額を拠出させなければならない。

(b) ボロワーは，プロジェクトコストのうちタームファシリティによって賄われない部分に出資義務の拠出資金を振り向けなければならない。

ポイント

ボロワーの出資者に対して，出資拠出義務を履行させることと，当該出資によって得られた資金はすべて借入金で賄われないプロジェクトコストに充当させなければならないことが誓約されています。本誓約事項はあくまでもボロワーの誓約であり，出資者の出資拠出義務を定めたCovenantsではありません。出資者の出資義務を規定するCovenantsは，本融資契約とは別に出資者とレンダーとの間で締結されるEquity Commitment Agreement等の中で規定されます。

3 資金充当方法 プロジェクト

ボロワーの資金は規定どおりに充当されなければならない。

Use of Proceeds and Project Revenues.

The Borrower shall:

(a) apply the proceeds of each Term Loan solely in accordance with the Funds Flow Memorandum or to pay Project Costs in accordance with the Construction Budget;

(b) apply the proceeds of each Revolving Loan solely to pay O&M Costs in accordance with the then-current Annual Operating Budget;

(c) use Letters of Credit solely (i) to support the Borrower's obligations under Project Contracts, (ii) to satisfy the Borrower's obligation to maintain the Debt Service Reserve Requirement and (iii) for other purposes in connection with the construction and operation of the Project; and

(d) apply all Project Revenues and Asset Sale Proceeds in accordance with the requirements of the Depositary Agreement and the other Loan Documents.

融資実行金とプロジェクトの収入

(a) ボロワーは，各タームローンの融資実行金を資金フロー規則に従った形とするか，または建設予算に従って，プロジェクトコストの支払に振り向けなければならない。

(b) ボロワーは，各リボルビングローンの融資実行金を最新の年間操業予算に応じて，操業保守コストの支払のみに振り向けなければならない。

(c) ボロワーは，銀行信用状を，(i) プロジェクト契約の下でのボロワーの義務をサポートするため，(ii) デットサービスリザーブの要求条件を維持するというボロワーの義務を履行するため，ならびに (iii) プロジェクトの建設操業に関連する目的のためのみに使用しなければならない。

(d) ボロワーは，プロジェクトの収入と資産売却収入を預託契約およびその他の融資契約書に従って，振り向けなければならない。

ポイント

(a) から (c) は，レンダーから得た借入資金の使途および銀行信用状の利用目的を限定することを誓約させています。すなわち，タームローンからの長期借入金はプロジェクトの建設資金のみに充当され，リボルビングローンからの短期借入金は操業費用のみに充当され，銀行信用状はプロジェクト契約に関連する各種ボロワーの義務を保証することのみに利用されるものとしています。プロジェクトファイナンス特有の“Debt Service Reserve Requirement”とは，返済段階における次回の元本金利返済予定金額を，予め定められた口座に準備しておく義務のことをいいます。この義務を履行するために，銀行口座に現金を預金する代わりに，銀行信用状を差し入れることを意味しています。(d) もプロジェクトファイナンス特有の規定で，プロジェクトの収入や資産を売却した際の収入はすべて預託契約という資金移動の規則（キャッシュウォーターフォールと呼びます）に従うことになっており，レンダーへの返済が確実に行われるようにしているものです。O&M cost とは Operation and Maintenance

Costのことで，操業保守コストを意味します。

4　金利固定　プロジェクト

ヘッジ契約を締結しタームファシリティの元本残高の100％以上に対して金利固定を行わなければならない。

Interest Rate Protection.

(a) The Borrower shall, on or prior to the Closing Date, enter into (and if such interest rate protection is entered into but not yet effective on the Closing Date, it shall become effective no later than X XX, 20XX) and at all times thereafter (unless a portion of such interest rate protection is terminated as a result of a failure to achieve successful syndication thereof in accordance with the terms of the Interest Rate Hedging Agreement in effect on the date hereof, in which case the Borrower shall replace the interest rate protection on such portion of exposure within 2 Business Days after receiving notice of such termination with Interest Rate Hedging Agreements otherwise in compliance with this Section) maintain interest rate protection through Interest Rate Hedging Agreements reasonably satisfactory to the Administrative Agent against increases in the interest rates with respect to a notional amount of Indebtedness such that not less than 100% of the aggregate amount of the Term Facilities (based on funding thereof in accordance with the Construction Budget and the Project Schedule) shall be subject to such Interest Rate Hedging Agreements through final maturity of the Term Facilities.

(b) The Borrower shall from time to time cause terminations-in-part of Interest Rate Hedging Agreements such that the aggregate notional amount of all Interest Rate Hedging Agreements at all times is not greater than 103% of the aggregate outstanding principal amount of the Term Loans at such time.

<u>金利固定</u>

(a)　ボロワーは，本融資契約調印日以前に，金利ヘッジ契約を通じて金利を固定しなければならない（金利固定契約は締結されているが，本融資契約調印日時点に有効になっていない場合は，20XX 年 X 月 XX 日までに有効にしなければならない)。その後は常に金利ヘッジ契約を通じて金利固定を維持しなければならない。(そのような金利固定の一部が，本融資契約書の日付で有効となっている金利ヘッジ契約の条件に従って，金利固定のシンジケートが達成できなかった結果，解約となった場合を除く。その場合，ボロワーは金利ヘッジ契約の解約の通知を受け取ってから 2 営業日以内に解約部分の金利固定を差し換えなければならない（それ以外の場合は本条文に準拠する))。その金利ヘッジ契約は金利の上昇に備えるもので，エージェントが合理的に満足できるものであり，想定元本額に関しては，その想定元本が（建設予算およびプロジェクトスケジュールに従った資金調達に基づく）タームファシリティ元本総額の 100 %を下回らないようにし，タームファシリティの最終期限までの金利ヘッジ契約の条件に従うものとする。

(b)　すべての金利ヘッジ契約の想定元本の合計が，その際のタームローン残高合計の常に 103 %を上回らないように，ボロワーは，時に応じて金利ヘッジ契約の一部を解約しなければならない。

ポイント

本融資契約は変動金利の借入形態であるところ，プロジェクトファイナンスのキャッシュフローを確定するために金利を固定化することを誓約するものです。本融資契約とは別に金利ヘッジ契約を締結します。金利ヘッジ契約自体は本融資契約調印日時点で締結されていても有効でない場合があり，それは許容されますが，20XX 年 X 月 XX 日までに有効化させる必要があります。またヘッジ契約の想定元本は，実際の融資残高の 100 %以上 103 %以下になるように維持されねばなりません。数値は一例です。

なぜこのようにレンダーがボロワーサイドで金利を固定させるかというと，金利上昇にともない，ボロワーの本融資の金利負担が想定以上に重たくなることをレンダーが懸念しているからです。金利を固定すると将来金利が上昇の際には有利となりますが，逆に足元の変動金利が低いまま推移すればその低金利の恩恵は受けられません。したがって，融資残高に対して金利を固定する義務の割合を低くしておくと自由度が高まります。

5　建設　プロジェクト

EPC契約等に基づいて建設し，決められた期日までに完工を達成させなければならない。完工には必要事項すべてが満たされているようにしなければならない。

Construction of the Project.

(a) The Borrower shall:

(i) construct, or cause the construction of, the Project in accordance with the EPC Contract, the approved plans and specifications thereunder, the Construction Budget and Prudent Practice;

(ii) provide (or cause the EPC contractor to provide) to the Construction Agent and the Independent Engineer monthly construction progress reports through (A) if all Performance Guarantees (as defined in the EPC Contract) have been satisfied or applicable Performance Liquidated Damages have been paid in respect thereof, Substantial Completion or (B) otherwise, Final Completion;

(b) The Borrower shall cause Completion to occur on or before the Date Certain, and upon Completion, the Borrower shall deliver to the Administrative Agent and the Construction Agent an appropriately completed Notice of Completion, which specifies, among other things, the Completion Date, together with evidence documenting Substantial Completion and satisfaction of the requirements;

(c) The Borrower shall cause each of the following requirements to be satisfied on the Completion Date:

(i) Completion. (A) All required liquidated damages shall have been paid under the EPC Contract, (B) other facilities necessary for the operation of the Project in accordance with Prudent Practices shall be completed and all utilities, real estate rights and other rights necessary for the operation of the Project shall be in place, in each case as certified by a Authorized Officer of the Borrower and confirmed by the Independent Engineer (which confirmation may be provided as separate documentation)

(ii) Other Work. All other work on the Project necessary for the operation of the Project shall have been completed and paid for (other than with respect to punch list items and retainage) and no mechanics' liens or similar liens shall have been filed with respect to the Project other than Permitted Liens.

(iii) Equity Commitments. The Equity Contributors shall have performed all of their respective obligations under the Equity Commitment Agreement required to be performed as of the Completion Date.

(iv) Applicable Permits. The Borrower shall have duly obtained or been assigned and there shall be in full force and effect in the name of the Borrower, and not subject to any current legal proceeding, waiting period or appeal or to any unsatisfied condition that would reasonably be expected to allow material modification, expiration or revocation of, and all applicable appeal periods shall have expired with respect to, all Applicable Permits required as of the Completion Date. Such Applicable Permits shall not be subject to any restriction, condition, limitation or other provision that could reasonably be expected to have a Material Adverse Effect. With respect to any of the Permits not yet obtained, no facts or circumstances shall exist which indicate that any such Permit will not be timely obtainable without material difficulty, delay or expense prior to the time that such Permit becomes an Applicable Permit.

(v) Major Maintenance Reserve. The Major Maintenance Reserve Account shall have been funded to an amount equal to or greater than the Major Maintenance Reserve Amount, if applicable in accordance with the Depositary Agreement.

建設

(a) ボロワーは,

(i) EPC（Engineering Procurement Construcion）契約（設計調達建設契約），同契約の承認済設計・仕様，建設予算，および業界基準に基づいて建設しなければならない。

(ii) 建設エージェントとIEに毎月建設進捗報告書を提出し（またはEPCコントラクターに提出させ）なければならない。その報告書は，(A) EPC契約に規定されたすべての性能保証が満たされる，もしくはEPC契約上で適用される損害賠償が支払われる場合は，物理完工まで提出しなければならない，または，(B) 上記でない場合は最終完工まで提出しなければならない。

(b) ボロワーは，決められた期日までに完工させなければならない。そして完工した場合エージェントと建設エージェントにほぼ完工した旨の完工通知を提出しなければならない。その通知には，下記必要事項を満たしていることや，物理完工の証明書を添付し，他の事項とともに完工日を特定しなければならない。

(c) ボロワーは完工日に下記必要事項すべてが満たされているようにしなければならない。

(i) 完工 (A) EPC契約に基づき支払が必要とされる損害賠償は支払済であること，(B) 業界基準に基づきプロジェクトの操業に必要なその他の設備が完工していること。プロジェクトの操業に必要なすべてのユーティリティや不動産の権利およびその他の権利が存在していること。いずれの場合もボロワーの責任者によって証明され，IEによって確認されていること（その確認は別途の契約として提出される）。

(ii)　その他工事　プロジェクトの操業に必要なその他工事のすべてが完工し，支払が済み，ボロワーが予めレンダーの承認を得たリーエンのほかにはプロジェクト関連の機械のリーエンや類似のリーエンは設定されていないこと。

(iii)　出資義務　出資者は出資契約上，完工日の時点で履行を必要とされる出資義務をすべて履行していなければならない。

(iv)　取得必要な許可　ボロワーは完工時点で取得を必要とする許可を正しく取得または付与されていなければならない。その許可はボロワー名義で完全に効力を有しており，いかなる進行中の法的手続，待機期間，上訴が条件となっておらず，許可の重要な変更，満了または取消しを招くことが合理的に予想される不安定な条件とはなっていない。また，すべての該当する上訴期間は満了しているものとする。当該許可は，重大な悪影響をもたらすと合理的に予想される制限，条件，またはその他の規定の影響を受けない。まだ取得されていない許可に関しては，そのような許可の取得が必要となる前に，そのような許可を適時に取得するためには重大な困難，遅延，または費用を必要とするような事実または状況は存在していない。

(v)　大規模修繕費用のための積立　大規模修繕費用のための積立口座は預託契約に従って適用される場合は，大規模修繕費用のための積立額以上の資金残高でなければならない。

ポイント

本条はプロジェクトファイナンス特有の肯定的誓約事項となります。プロジェクトが予定どおり完工するかどうかのリスクは，レンダーがコントロールすることが困難なリスクと認識されています。なぜならプロジェクトの建設はボロワーが自ら実施せず，ボロワーがEPC契約（Engineering Procurement Construction：設計調達建設請負契約）によって外注するのが通例だからです。したがって，EPC契約の“Liquidated Damages”（損害賠償）や“Performance

Guarantees"（性能保証）が十分機能するかどうかレンダーは大変関心を持ちます。そのため，肯定的誓約事項でボロワーに建設の遂行と完工を誓約させることにしているのです。

"Liquidated Damages" はよくリキダメと略称されます。すなわち損害賠償を清算するという意味ですが，予め損害額を見積もっておいて，実際の損失額にかかわらず，その定額を損害賠償額とするものです。

なお "Independent Engineer" はレンダーのデューデリジェンスにおける技術コンサルタントのことで建設や操業の技術評価を行います。IE と略称し，LTA（Lender's Technical Advisor）とも呼ばれます。

6　操業・予算・報告　プロジェクト

プロジェクトを良好な操業状態に維持しなければならない。年間操業計画，年間予算，および月次毎の操業報告書をエージェントに提出しなければならない。

Operation and Maintenance of the Project, Annual Operating Budget, Monthly Operating Report.

(a) The Borrower shall (i) keep the Project, or cause the same to be kept, in good operating condition consistent in all material respects with all Applicable Permits, this Agreement, the material provisions of the Project Contracts and Prudent Practice, and make or cause to be made all repairs (structural and non-structural, extraordinary or ordinary (ordinary wear and tear excepted)) necessary to keep the Project in such condition, and (ii) at all times from and after the Commercial Operation Date, operate and maintain the Project, or cause the same to be operated and maintained, in a manner consistent in all material respects with the Project Contracts, the then-current Annual Operating Budget and Prudent Practice.

(b) On or before the date that is 30 days prior to the scheduled Completion Date (with reference to the Project Schedule) and thereafter 45 Business Days prior to the commencement of any fiscal year of the Borrower, the Borrower shall adopt, and deliver a copy thereof to the Administrative Agent, an operating plan and budget for such year with respect to the operation and maintenance of the Project, detailed by month, of anticipated revenues, anticipated revenue allocations under all waterfall levels set forth in Section X.X of the Depositary Agreement and anticipated expenditures from the O&M Account and the Major Maintenance Reserve Account, such budget to include debt service, maintenance, repair and operation expenses under the O&M Agreement (including reasonable allowance for contingencies), reimbursable management expenses and fees, reserves and all other anticipated O&M Costs and Major Maintenance Costs for the Project for the period, to the conclusion of the subsequent full fiscal year thereafter, and for the corresponding periods with respect to each subsequent annual operating budget (the "Annual Operating Budget"). Each Annual Operating Budget shall be in form reasonably acceptable to the Administrative Agent and shall become effective if it shall have not been rejected by the Administrative Agent (acting reasonably in consultation with the Independent Engineer) within 15 Business Days of receipt. If the Borrower shall not have adopted an annual Operating Budget before the beginning of any calendar year or any Operating Budget adopted by the Borrower shall have been rejected by the Administrative Agent (acting reasonably and in consultation with the Independent Engineer) before the beginning of any upcoming calendar year, the Operating Budget for the preceding calendar year shall, until the adoption of an annual Operating Budget by the Borrower and acceptance of such Operating Budget by the Administrative Agent (acting in consultation with the Independent Engineer), as the case may be, be deemed to be in force and effective as the annual Operating Budget for such upcoming calendar year; provided that if the initial Operating Budget is not accepted by the Administrative Agent (acting in consultation with the Independent Engineer), the Borrower may use a budget that is consistent with the Projections until an initial Operating Budget is approved, and shall work diligently to prepare an initial Operating Budget that is reasonably acceptable to the Administrative Agent (acting in consultation with the Independent Engineer). Each Operating Budget delivered to the Administrative Agent shall be accompanied by a memorandum detailing all material assumptions used in the preparation of such Operating Budget, shall contain a line item for each budget category (which budget categories shall be acceptable to the Administrative Agent), and shall specify for each month and for each such budget category, the amount budgeted for such category for such month.

(c) The Borrower shall deliver to the Administrative Agent within 30 days after the end of each fiscal month after the Commercial Operation Date, a report, in form and substance reasonably satisfactory to the Administrative Agent, with respect to such fiscal month, summarizing (i) any Project Contract entered into or terminated during such fiscal year (whether by expiration in accordance with its terms or otherwise), (ii) revenue and operating data, and (iii) the O&M Costs incurred during such fiscal month with a comparison to budgeted amounts for such costs.

操業とメンテナンス，年間予算，月次報告

（a） ボロワーは，（i）すべての許可，本融資契約，プロジェクト契約の重要な規定や保守的な業界標準手法に基づき，プロジェクトを一貫して良好な操業状態に維持しなければならない，またはそのように維持させなければならない。また，プロジェクトを良好な状態に保つために必要なすべての修理（構造的および非構造的な，および，特別または通常（通常の使用による損耗）の修理をしなければならない，またはそのようにさせなければならない。（ii）商業運転日以降，常に，プロジェクト契約，その時点での年間操業予算および保守的業界標準手法のすべての重要な点において，一貫した手法で，プロジェクトを操業維持しなければならない，または操業維持させなければならない。

(b)　完工予定日の30日前（プロジェクトスケジュールを参照）までと，それ以降でボロワーの会計年度の始まる45営業日前までに，ボロワーはプロジェクトの操業とメンテナンスに関する年間操業計画と予算を決定し，そのコピーをエージェントに提出しなければならない。その予算は月次ベースで詳細に，預託契約のセクションX.Xに記載されているすべてのウォーターフォールレベルでの予想収入，予想収入の配分や，操業保守口座と大規模修繕積立勘定からの予想支出，その期間のプロジェクトに関する債務返済金額，操業保守契約に基づく保守，修理および操業費用（不測の事態に対する合理的な手当を含む），払戻可能な管理費用および手数料，準備金およびその他すべての予想される操業保守コストと大規模修繕コストを含む予算であり，それは提出後の翌会計年度末までの期間で，翌年度年間操業予算（「年間操業予算」）に対応する期間のものである。各年間操業予算は，エージェントに合理的に受け入れられる形式であり，受領から15営業日以内にエージェントによって（IEと合理的に協議し）拒否されなかった場合に有効になるものとする。ボロワーが暦年の開始前に年間操業予算を決定しなかった場合，またはボロワーが決定した操業予算がエージェントによって（IEと合理的に協議し）暦年の開始までに拒否された場合，ボロワーが年間操業予算を決定し，エージェントが（IEと合理的に協議し）その操業予算を受け入れるまで，前暦年の操業予算が，次の暦年の年間操業予算として効力を持ち有効であると見なされる。ただし，当初操業予算がエージェントによって（IEと合理的に協議し）受け入れられない場合，ボロワーは，当初操業予算が承認されるまで，キャッシュフロー予測と一致する予算を使用することができ，エージェントが（IEと合理的に協議し）合理的に許容できるような当初操業予算の準備のために真摯に作業しなければならない。本条文に従ってエージェントに提出される各操業予算には，操業予算の作成に使用されたすべての重要な前提を詳述するメモが添付されなければならず，各予算カテゴリー（予算カテゴリーはエージェントに受け入れられるものとする）の項目が含まれるものではなくてはならない。また，各月毎および予算カテゴリー毎に，当該月の当該カテゴリーの予算額が特定されていなければならない。

(c)　ボロワーは，商業運転日後の各月次決算の終了後30日以内に，エージェントにとって形式・内容とも合理的に満足のいく月次毎の報告書をエージェントに提出しなければならない。そこでは，(i) その会計年度中に締結または解除したプロジェクト契約（契約条件に従って満了するかどうかにかかわらず），(ii) 収益および操業データ，および，(iii) 当該月に発生した操業保守コストと，そのコストの予算額との比較を要約しなければならない。

ポイント

本条はプロジェクトファイナンス特有の誓約事項であり，ボロワーによるプロジェクトの安定操業を誓約させるものです。ボロワーは，翌年度の年間操業計画と予算を策定してエージェントに提出し，その操業計画と予算の承諾を得る必要があります。月次でプロジェクトの操業状態を報告する義務もあります。このようにして，プロジェクトが融資実行時の想定どおりのキャッシュフローを生み出しているか，また融資の返済に支障が出る可能性がないかを，レンダーが察知できるようにしています。なお，(b) において翌年度の年間予算をボロワーが決定しない，もしくは年間予算をエージェントに拒絶された場合は，前年度の予算やキャッシュフロー予測を使って予算が使うことができる暫定措置が設けられています。

7　性能試験　プロジェクト

各会計年度末に性能試験を実施しなければならない。

Independent Engineer, Performance Tests.

The Borrower shall permit the Independent Engineer to make an inspection of the Project and the Mortgaged Property at the end of every fiscal year. The Construction Agent and the Independent Engineer shall have the right to witness and verify the Performance Tests. The Borrower shall give the Construction Agent and the Independent Engineer notice regarding any proposed Performance Test promptly following the Borrower's receipt of such notice. If, upon completion of any Performance Test, the Borrower is of the belief that such Performance Test has been satisfied, it shall so notify the Construction Agent and the Independent Engineer and shall deliver a copy of all test results supporting such conclusion, accompanied by supporting data and calculations, evidencing the belief that the Borrower and the EPC Contractor have satisfied their respective obligations with respect to such Performance Test. If the Performance Tests have been satisfactorily completed, the Borrower shall deliver to the Construction Agent the preliminary results of the Performance Tests and the Independent Engineer will, upon a thorough review of such results, certify in writing to the Construction Agent, within five Business Days after the receipt of such results, the satisfactory achievement of the Performance Tests.

性能試験

ボロワーは，レンダーのIEが各会計年度末にプロジェクトと抵当不動産の適切な検査を行うことを許可しなければならない。建設エージェントとIEは，性能試験を確認し検証する権利を有する。ボロワーは，検査の連絡を受け取り次第，性能試験の実施に関する連絡を建設エージェントとIEに通知しなければならない。性能試験の内容はボロワーがかかる通知を受け取った直後に提案される。性能試験の完了時に，ボロワーが性能試験の要件が満たされていると確信している場合は，建設エージェントとIEに通知し，そのような結論を裏付けるすべての試験結果のコピーと試験データと計算結果を添えて，ボロワーとEPC（Engineering Procurement Construction）コントラクターが性能試験に関してそれぞれの義務を果たしているという証明を提出しなければならない。性能試験が成功裏に完了した場合，ボロワーは性能試験の結果の速報値を建設エージェントに提出しなければならず，IEは結果を検証し，5事業日以内に性能試験が十分に達成したことを建設エージェントに書面で提出する。

ポイント

IEとは，前述のとおり“Independent Engineer”を略したもので，本条の場合レンダー側の立場で助言する技術コンサルタントのことです。レンダーのIEがプロジェクトを検査することを認め，IEと建設エージェントは毎年実施される性能試験を確認し検証する権利を持っていることを誓約するものです。性能試験の項目はEPC契約（設計調達建設契約）に規定されている場合とレンダーが独自に決める場合があります。この条項では，①性能試験が完了したとボロワーが確信する場合と，②性能試験が成功裏に完了した場合の場合分けがなされており，前者①の場合はすべての性能試験結果データの提出が必要となり，後者②の場合は性能試験の速報値の提出でよいとされています。

SECTION 8

否定的誓約事項

1　否定的誓約事項　コーポレート　プロジェクト

融資完済まで下記 SECTION 9～13 の否定的誓約事項を遵守する。

The Borrower covenants and agrees with each Lender Parry that so long as this Agreement shall remain in effect and until the Commitments have been terminated, the principal of and interest on each Loan, all Fees and all other expenses or amounts payable under any Loan Document shall have been paid in full, the Borrower shall abide by the following negative covenants.

本融資契約が有効である限り，かつコミットメントが解約され，融資の元本金利，融資契約書において支払うべきすべての手数料やその他費用，金額がすべて返済されるまで，ボロワーは以下の否定的誓約事項を守らなければならないことをレンダーに誓約かつ同意する。

ポイント

否定的誓約事項の定義を説明しています。否定的誓約事項は融資期間中での不作為義務を課すもので，基本的にはボロワーの信用力や返済原資の創出力の変化を起こさないようにするためのものです。条文では通常“shall not（～してはならない）”が含まれます。

否定的誓約事項違反は債務不履行事由となります（第３章 SECTION 4 1 即時誓約事項違反）。否定的誓約事項はボロワーが返済義務を負うすべての元利金，費用等の返済が完了するまで継続的に誓約義務が課されます。

SECTION 9

リーエン

1 リーエン（コーポレートファイナンス） コーポレート

ボロワーの財産・資産にLien（リーエン）を設定，負担，引受け，または存在させることを認めてはならない。

Lien.

The Borrower will not create, incur, assume, or permit to exist any Lien on any property or asset now owned or hereafter acquired by it, or assign or sell any income or revenues (including accounts receivable) or rights in respect of any thereof, except: (i) Liens securing obligations of the Borrower in respect of the Loans; (ii) any Lien on any property or asset of the Borrower existing on the date hereof and set forth in Schedule; provided that (A) such Lien shall not apply to any other property or asset of the Borrower, (B) such Lien shall secure only those obligations which it secures on the date hereof, and (C) any Lien securing Debt that is to be repaid on the Closing Date shall be concurrently released; (iii) Permitted Encumbrances; (iv) Liens on fixed or capital assets acquired, constructed, or improved by the Borrower; provided that (A) such Liens secure Debt permitted by this Section; (B) such Liens and the Debt secured thereby are incurred prior to or within 90 days after such acquisition or the completion of such construction or improvement; (C) the Debt secured thereby does not exceed [__]% of the cost of acquiring, constructing, or improving such fixed or capital assets; and (D) such Liens shall not apply to any other property or assets of the Borrower; (v) any Lien existing on any property prior to the acquisition thereof by the Borrower or existing on any property of any Person that becomes a subsidiary after the date hereof prior to the time such Person becomes a subsidiary; and (vi) other Liens securing Debt in an aggregate amount not exceeding $__________.

リーエン

ボロワーは，現在所有しているもしくは今後取得もしくは保有する所有物，財産・資産にLien（リーエン）を設定，負担，引受け，もしくは存在させることを認めてはならない，またはそれらに関する権利や収入，売上（売掛金を含む）もしくは権利を譲渡もしくは売却してはならない。ただし以下を除く。(i) 本融資に関するボロワーの義務を担保するためのリーエン。(ii) 本融資契約調印日に存在し，かつスケジュールに記載されているボロワーの所有物，財産・資産に対するリーエン。ただし，以下を条件とする。(A) 当該リーエンは，ボロワーの他の所有物，財産・資産に適用されないものとし，かつ (B) 当該リーエンは，本融資契約書調印日時点でボロワーが負う義務のみを担保対象とするものとし，かつ (C) 本融資契約調印日に返済される債務のリーエンは調印と同時に解除されること。(iii) ボロワーが予めレンダーの承認を得た抵当権。(iv) ボロワーによって取得，建設，または改造された固定資産もしくは資本財に対するリーエン。ただし，以下を条件とする。(A) 当該リーエンは，本条文で許可されている債務を担保するものとする，かつ (B) 当該リーエンおよび債務は，取得，建設または改造の完了の前または完了後90日以内に生じたものとする，かつ (C) その債務は，当該固定資産または資本財の取得，建設，または改造のコストの [____] %を超えないものとする，かつ (D) 当該リーエンは，ボロワーの他の所有物，財産・資産には適用されないものとする。(v) ボロワーの取得前に所有物に存在しているリーエン，または本融資契約書調印日以降に子会社となる前にその子会社の所有物に存在していたリーエン。(vi) 総額$__________を超えない債務を担保するその他のリーエン。

ポイント

リーエンの誓約事項（Lien Covenant）は別名ネガティブプレッジ（negative pledge）条項と呼ばれます。「リーエン（Lien)」とは，前述のとおり抵当権，質権，譲渡担保，先取特権，留置権など幅広い担保権を指します。本条項はボロワーが（現在または将来）所有する財産資産に，ボロワーの他の債務を担保する担保権等を設定してはならないことを誓約させるものです。ボロワーの資産に抵当権が設定され，その資産が担保実行され売却されてしまうと，ボロワーの事業に大きな影響が出てボロワーの信用力が低下することが予想されるためです。

現実にはすべての融資契約が無担保扱いで，かつネガティブプレッジのみが設定されているケースは少なく，通常はネガティブプレッジの例外，すなわち担保権（抵当権）の設定を認める資産を予め例外（“Permitted Liens”）としていることが多いです。上記条文例では，本融資契約に関する担保，本融資契約書調印日に存在する担保，予めレンダーの承認を得た担保，ボロワーによる取得前の資産に存在していた担保，一定金額以下の債務を対象とする担保などがその例外の対象となっていて，当該融資契約のレンダーの債権保全に影響のない担保権を例外としています。

2 リーエン（プロジェクトファイナンス） プロジェクト

ボロワーの財産・資産および株式に Lien（リーエン）を設定，負担，引受け，または存在させることを認めてはならない。

Liens.

The Borrower shall not create, assume or suffer to exist (a) any Lien on or with respect to its assets except Permitted Lien or (b) any Lien on its Equity Interests, except the Lien exercised under the Pledge Agreement.

リーエン

ボロワーは，(a) 予めレンダーの承諾を得た担保権以外にボロワーの財産・資産の上に，もしくは財産・資産に関して，または (b) 質権設定契約により行使されるリーエン以外にボロワーの資本持分の上に，いかなるリーエンを設定，引受け，存在を許すことはしてはならない。

ポイント

プロジェクトファイナンスの場合では，ボロワーの全資産に担保権が設定されますが，予めレンダーの承認を得た担保権以外に追加の担保提供は認められません（ネガティブプレッジ（negative pledge）条項）。その担保提供の例外は“Permitted Liens”（予めレンダーの承認を得た担保権）として定義されます。“Permitted Liens”の定義では本プロジェクトファイナンスの融資契約における担保権はもちろんのこと，一定金額以下の担保権は“Permitted Liens”とされます。プロジェクトファイナンスの場合，ボロワー以外への遡及（リコース）は原則ないため，ボロワーのすべての資産がレンダーの担保となることから，担保設定の禁止は重要な条項となります。

一方，ボロワーの全資産の担保提供禁止のほかに，ボロワーの株式の担保提供禁止も規定されるのがプロジェクトファイナンス特有のリーエンの誓約事項です。すなわち，ボロワーの資本持分である株式は，株主が保有していますが，レンダーはその株主が保有する株式の質権者となります。万一ボロワーの期限の利益を喪失させる場合，ボロワーの資産を処分する前に株式の質権を実行しボロワーを実質コントロールする形をとります（これをステップインと呼びます）。プロジェクトファイナンスではボロワーはSPCであり担保余力に乏しい存在であることから，ボロワーの資産を担保処分しても債権を回収できないため，ボロワーのオーナーシップをレンダーが取れるようにするのが通例です。本条文の（b）でレンダーのために質権設定されている資本持分を担保提供はしてはならないと規定しています。

SECTION 10

追加債務

1　追加債務　コーポレート　プロジェクト

予め認められた借入を除き追加の債務を負ってはならない。

Indebtedness.

The Borrower shall not incur, create, assume or permit to exist any Indebtedness except Permitted Debt.

追加債務等

ボロワーは予め認められた借入を除いて，債務等を負うまたは債務等を負うことを許してはならない。

ポイント

現在の借入以外の追加的借入を禁止する条項です。借入が増加することで，信用力が低下することを防ぐことがこの条項の目的です。しかし，コーポレートファイナンスでは，追加の借入を必要とする場合があるので，親会社からの借入などは追加的借入とはしないとするなどその例外を“Permitted Debt”と定義して列挙します。プロジェクトファイナンスでは基本的に追加の借入を禁止します。なぜならば追加の借入を行うことにより，プロジェクトファイナンスで計画されていた返済用の原資が他の借入の返済にも充当されることになるからです。一方で，プロジェクトの操業開始後に運転資金の借入を行いますが，運転資金借入は予め認められた借入として“Permitted Debt”の定義に含まれます。

2　偶発債務　コーポレート　プロジェクト

第三者の保証人になってはならない。

Contingent Liabilities.

Except as provided in or permitted under this Agreement, the Borrower shall not become liable under contact as a surety, guarantor or accommodation endorser for or upon the obligation of any other Person; provided, however, that this Section shall not be deemed to prohibit (i) the acquisition or sale of goods, supplies or merchandise in the normal course of its business, (ii) normal trade credit, (iii) the endorsement of negotiable instruments received in the normal course of its business, (iv) indemnities provided under the Transaction Documents, (v) contingent obligations with respect to surety bonds, (vi) ordinary course indemnities under agreements that are not Transaction Documents and (vii) Permitted Debt.

偶発債務

本融資契約で許可される場合を除き，ボロワーは第三者の義務に対して保証人や裏書人として契約上の責任を負ってはならない。ただし，以下の場合は禁止とは見なされない。(i) 一般的な商取引における商品等の取得や売却，(ii) 通常の信用取引，(iii) 一般的な商取引において受領した譲渡可能手形の裏書，(iv) 本融資契約・プロジェクト契約上で規定された補償，(v) ボンド（保証）の偶発債務，(vi) 本融資契約・プロジェクト契約ではない契約において通常業務内の補償，(vii) 予め認められた借入

ポイント

ボロワーは他者の保証人や裏書人となって偶発債務を負ってはならないことを規定しています。ただし，通常業務の範囲はその例外とされています。偶発債務を負うことによるボロワーの信用力の低下を忌避するための規定です。

3　リース取引　コーポレート　プロジェクト

認められたリース以外でリース契約を締結してはならない。

Lease Transactions.

The Borrower shall not enter into any transaction for the lease of any assets, whether operating leases, capital leases or otherwise, other than (i) any lease constituting Permitted Debt, and (ii) leases of vehicles, office or other equipment or the like pursuant to which the annual lease payments by the Borrower do not exceed $300,000 in the aggregate in any fiscal year.

リース取引

ボロワーは，(i) 予め認められた借入となるリース，および，(ii) 車両，オフィス，その他の設備などのリース（ただし年間リース料が会計年度においても合計で 300,000 ドルを超えないもの）を除き，オペレーティングリース，キャピタルリース，その他を問わず，財産・資産のリースに関する取引を行ってはならない。

ポイント

新たなリース契約の締結を制限する negative covenants です。新たなリース契約の締結は債務の増加と見なされるので，信用力低下防止の観点で設定されるものです。上記の例では年間リース料の上限（金額の一例です）を設定し，車両のリースなどは締結できるようにしています。なお，ボロワー自身の財産・資産をリースに出すことを禁止する規定は，第 4 章 **SECTION 11** 3 資産売却および第 4 章 **SECTION 11** 8 会社清算・合併・統合で述べられています。

SECTION 11

信用力変化

1　配当（コーポレートファイナンス） コーポレート

配当金の支払を行ってはならない。ただし不履行がなく限度額までなら可能。

Dividends.

The Borrower will not declare or make, directly or indirectly, any Dividend Payment, except so long as no Default exists or would result therefrom, the Borrower may declare and pay $_____________.

配当

ボロワーは，直接的または間接的に，いかなる配当金の宣言，支払をしてはならない。ただし，不履行が存在せず，結果として不履行が生じることのない限り，ボロワーは______ドルの配当金を宣言し支払うことができる。

ポイント

配当金支払を禁じる誓約事項の例です。不履行が発生していない場合は一定金額の配当が認められます。下線部には配当可能額が記載されますが，1年あたりの定額（a “hard cap”）にするか，資産やキャッシュフローの一定比率（a “grower” basket）とするか，繰越利益剰余金（a “builder” basket）までとするかなどが金額の基準に用いられます。

2　配当（プロジェクトファイナンス） プロジェクト

配当金の支払は定められた場合以外では行ってはならない。

Restricted Payments.

The Borrower shall not make payments which are Restricted Payments, other than (i) as expressly permitted under the dividend test, provided that no such Restricted Payments shall be made prior to the date six months after the Completion Date, and (ii) the issuance of additional membership interests in the Borrower, provided that such additional membership interests are subject in all respects to the Pledge Agreement and are delivered promptly (and, in any event, within three Business Days of issuance) to the Collateral Agent.

配当

ボロワーは，以下の場合を除き配当金の支払を行ってはならない。(i) 完工日から6か月以降でかつ配当テストにより配当が認められた場合，ならびに（ii）増資株式が質権設定契約に則り，かつ，増資日以降3日以内に担保管理エージェントに提出される前提でボロワーの増資がなされる場合。

ポイント

プロジェクトファイナンスでは，株式に対する配当金の支払のことをRestricted Paymentsと呼びます。配当金はボロワーの資金を株主に対して支払われるものですので，レンダーの視点からはボロワーの資金の外部流出となり，将来の元利金の返済原資が失われることを意味します。そこで将来の元利金の返済に支障がないと証明できた場合のみ（これを配当テストと呼びます），配当金の支払が認められます。また，配当を現金ではなく資本に組み入れる新株を発行し，株主に配布する（株式配当）の場合は，資金は社内に留保され外部資金流出はありませんし，増資分の株式を質権設定すれば，レンダーの債権保全がなされますので，レンダーから認められます。6か月や3日の期間は一例です。

3　資産売却　コーポレート　プロジェクト

ボロワーの資産を売却してはならない。

Sale of Assets.

The Borrower shall not sell, lease, transfer or otherwise dispose of any of its assets, except (i) sales of its product, (ii) sales of materials, equipment or other assets which are worn out, obsolete or no longer useful, (iii) sales of assets as otherwise expressly contemplated pursuant to the Loan Documents, (iv) any other asset sale or series of related asset sales not exceeding $500,000 in the aggregate in any fiscal year.

資産売却

ボロワーは自身の資産を売却，リース，譲渡，移転，その他廃棄を行ってはならない。ただし以下の場合を除く。(i) ボロワーの製品，(ii) 使い古された，使用されていない，もしくはもはや役に立たなくなった原料，機器，もしくはその他の資産の売却，(iii) 融資契約書に従って明示的に意図された資産の販売，(iv) 毎会計年度において合計売却額が500,000ドルを超えないその他の資産もしくは一連の関連資産の売却。

ポイント

ボロワーの資産の売却やリース，譲渡等を禁止する条項です。コーポレートファイナンスでも例外規定を設けて資産売却の禁止が規定されます。これはいうまでもなくボロワーの信用力の低下を防ぐためです。

プロジェクトファイナンスでは，ボロワーはそのプロジェクトのための資産しか保有していませんので，資産を売却することは直接プロジェクト運営に困難が生じることとなります。しかし，業務の中で一定の資産の売却は不可避ですので資産売却を一切不可とはせずに例外を設定します。上記の例では，通常業務範囲内の資産売却や，年間の資産売却金額の上限を設定してその範囲内の資産売却はレンダーの許可なく売却できるようにしています。業務の実態に合わせてこのような例外事項の設定をしておくことが重要です。もちろん，レンダーの許可を得ることができれば，上記例外以外の資産の売却が可能ですが，レンダーに認められるかどうか分かりませんし，売却が認められるまでに時間を要することになります。

4　組織関係契約の修正　コーポレート　プロジェクト

組織関係契約やその契約内に定められた用語の定義を変更してはならない。

Amendments to Organizational Documents:

The Borrower shall not permit or suffer to be made (i) any modification to (A) its charter, bylaws, partnership agreement, or limited liability company agreement (B) the definitions of “XXX,” “YYY,” ⋯, or (ii) any other material modification to its organizational documents.

組織関係契約の修正

ボロワーは，(i)(A)ボロワー自身の定款や内規，パートナーシップ契約，LLC 契約，(B)契約内の XXX や YYY の定義の変更，もしくは，(ii)ボロワー自身の組織関係契約に重大な変更を認めるまたは許したりしてはならない。

ポイント

ボロワーの定款等の組織契約を変更してはならないとする規定です。また，融資案件の内容に応じて，重要な組織契約や用語の定義を特定することがあります。コーポレートファイナンスでも用いられます。

5　企業活動（コーポレートファイナンス）　コーポレート

現在の事業以外に関わってはならない。

Lines of Business.

The Borrower shall not engage to any substantial extent in any line or lines of business activity other than the types of businesses engaged in on the date hereof by the Borrower and its subsidiaries plus reasonably related or ancillary businesses or reasonable extensions of such current business lines.

企業活動

ボロワーは，本融資契約締結時点でボロワーおよびその子会社が関与している事業またはその関連事業以外の事業に関与してはならない。

ポイント

本条項は，現在の事業およびそれに関連する事業以外に関与してはならないというものです。ボロワーから見ると事業活動の制限を受けることになりますが，信用力の変化を嫌うレンダーからは当然に求められる条項になります。とはいえ，一切新たな事業に踏み出せないわけではないので，一定の牽制をかける目的といえましょう。

6　企業活動（プロジェクトファイナンス）　プロジェクト

プロジェクトの運営以外の活動に関わってはならない。

Business Activities.

The Borrower shall not engage in activities other than the ownership, development, construction, operation, maintenance and financing of the Project and any activities incidental to the foregoing.

企業活動

ボロワーはプロジェクトの所有，開発，建設，操業，メンテナンス，資金調達，これに関連して付随する活動以外の活動に関わってはならない。

ポイント

本条項は，プロジェクトファイナンスでは兼業禁止事項と呼ばれ，当該プロジェクト以外の業務に関わってはならないことを規定するものです。コーポレートファイナンスよりも厳密に兼業禁止が規定されます。プロジェクトファイナンスではキャッシュフローが将来的に予想できることが前提ですので，認められたプロジェクト以外の事業活動は認められません。本条項もボロワーの信用力低下を防ぐ目的があります。

7　子会社・合弁会社設立　プロジェクト

子会社の設立や，他者と合弁契約を締結してはならない。

No Subsidiaries or Joint Ventures.

The Borrower shall not create, form or acquire any subsidiary or enter into any partnership or joint venture.

子会社・合弁会社設立禁止

　ボロワーは子会社の設立や取得をしてはならない。またはパートナーシップ契約や合弁契約を締結してはならない

ポイント

　前条と同様に，ボロワーが子会社を設立する，子会社を取得する，他者と合弁契約を結ぶことにより，ボロワーのキャッシュフローが変わり，信用力低下を招くことが想定されるため，それらを禁止する誓約事項です。プロジェクトファイナンスでは必ず規定される条項です。

8　会社清算・合併・統合　コーポレート　プロジェクト

会社の清算，合併，事業統合を行ってはならない。

No Liquidation, Merger or Consolidation.

The Borrower shall not liquidate, wind-up or dissolve, or sell, lease or otherwise transfer or dispose of all or substantially all of its property, assets or business or combine, merge or consolidate with or into any other entity, or change its legal form, or implement any material acquisition or purchase of assets consisting of a business or line of business from any Person.

会社清算，合併，統合禁止

　ボロワーは，自身の所有物，財産・資産または事業のすべてもしくは実質的にすべてを清算，解散，売却，リース，もしくはその他の方法で譲渡または処分してはならない。また他社と結合，合併，統合してはならない。また自身の法的形態を変更したりしてはならない。また他者からの事業または事業部門からなる資産の重要な取得もしくは買収を実施してはならない。

ポイント

ボロワーの企業形態の変更を禁止する条項です。前条と同様にボロワーのキャッシュフローや信用力の変動を招くため，他社との合併等は認めないものとする条項です。プロジェクトファイナンスだけでなくコーポレートファイナンスでも規定されることがあります。

9 余資運用 コーポレート プロジェクト

余剰資金の運用は定められた方法以外で行ってはならない。

Investments.

The Borrower shall not make any investments (whether by purchase of stocks, bonds, notes or other securities, loan, extension of credit, advance or otherwise) other than Permitted Investments of funds in the Depositary Accounts in accordance with the Depositary Agreement.

余裕資金の運用

ボロワーは，預託契約に従った預託口座での許可された投資以外の投資（株式，債券，手形またはその他の有価証券の購入，貸付，信用供与，前払またはその他による）を行ってはならない。

ポイント

本項の“Investments”は設備投資ではなく，ボロワーの手持資金の資金運用を意味します。コーポレートファイナンスでは，換金可能性や運用先の価格変動リスクを考慮して資金運用先の制限を設けることがあります。プロジェクトファイナンスでは，そもそも基本的に余剰な手元資金が滞留しない仕組みとなっていますが，もし手元余剰資金が生じた場合は，予め決められた運用方法に従うよう定めます。具体的には，資金運用先は一定格付け以上の銀行への預入や，高い外部信用格付を持つ債券（例えば国債など）を保有することに限らせて，元本割れのない運用を義務付けます。

10　関係会社取引　コーポレート　プロジェクト

関係会社との取引を行ってはならない。行う場合はアームズ・レングスの取引条件を確保すること。

Transactions with Affiliates.

The Borrower shall not directly or indirectly enter into any transaction or series of transactions with or for the benefit of an Affiliate of the Borrower, except for (i) transactions in the ordinary course of business on fair and reasonable terms no less favourable to the Borrower than those which would be included in an arm's-length transaction with a non-Affiliate or (ii) the Permitted Affiliate Project Contracts.

関係会社との取引

ボロワーは，ボロワーの関係会社との間で，またはその関係会社の利益となる，直接的または間接的にいかなる取引または一連の取引も行ってはならない。ただし，(i) 関係会社でない企業との間でのアームズ・レングスの取引条件以上の条件で，ボロワーにとって不利ではなく公正かつ合理的な条件での通常業務における取引となる場合，または，(ii) 予め認められた関係会社とのプロジェクト契約となる場合を除く。

ポイント

本条は複数の株主による合弁プロジェクトでしばしば問題となる重要な条項です。もしボロワーの株主の1社がプロジェクトの建設工事を請け負う場合，その株主とその他の株主との間に利益相反が生じ，その他の株主は不利益を被ることが想定されます。本項では，ボロワーがボロワーの関係会社との取引を行ってはならないことを原則とし，万一ボロワーの関係会社と取引する場合は関係会社でない企業と契約する場合の取引条件と同等以上のアームズ・レングス（独立した対等な関係）の取引条件であれば取引を行ってよいとするものです。

SECTION 12

財務制限条項

1　デットサービスカバレッジレシオ　プロジェクト

デットサービスカバレッジレシオは 1.5 を下回ってはならない。

Debt Service Coverage Ratio.

At any time commencing with the last day of the first full fiscal quarter beginning at least 30 days after the Completion Date, the Borrower shall not permit the Debt Service Coverage Ratio to be less than 1.50:1.00.

デットサービスカバレッジレシオ

ボロワーは，完工日から少なくとも30日後から始まる最初の第1四半期の最終日以降常に，デットサービスカバレッジレシオが1.50未満になってはならない。

ポイント

本項は，プロジェクトファイナンスでの典型的な財務制限条項を否定的誓約事項として設定しているものです。財務制限条項とは，財務健全性を維持させるために，予め定めた財務指標が悪化した場合に誓約事項違反となり，債務不履行事由に該当させるためのものです。デットサービスカバレッジレシオは，プロジェクトファイナンスで最もよく使われる財務制限条項の 1 つで，一定期間（元本返済間隔）の売上高から操業費等の費用を差し引いた資金を「分子」に，次回返済予定元本・金利金額（これを Debt Service と呼びます）を「分母」とした割合です。つまり，Debt Service に対し Debt Service に充当可能な資金が何倍あるか，言い換えると，レンダーへの次回返済にどれほどの余裕があるかを示すものです。ここではその倍数を 1.5 倍としていますが，案件によってこの数値は異なります。売上高や費用が変動しやすい事業の場合はレンダーへの返済の安全率を高めるためにデットサービスカバレッジレシオの数値は高く設定されます。

本条項の財務制限条項（デットサービスカバレッジレシオ）は，プロジェクトファイナンス特有のものですが，コーポレートファイナンスの場合は以下の指標が使用されることが多いようです。

【財務制限条項の例】

① 純資産（Net Worth）
純資産額

② レバレッジ比率（Debt Equity Ratio）
有利子負債/自己資本（株主資本）

③ 流動比率（Current Ratio）
流動資産/流動負債

④ インタレストカバレッジレシオ（Interest Coverage Ratio）
（営業利益＋受取利息・配当金等）/（支払利息＋社債利息等）

⑤ 二期連続赤字

なお，財務制限条項は否定的誓約事項（negative covenants）ではなく，財務コベナンツ（financial covenants）として別の章建てで設定される場合があります。

SECTION 13

プロジェクトファイナンス固有（否定的誓約事項）

1　主要契約変更　プロジェクト

プロジェクトの存続にかかわるような重要な契約をレンダーの承認なしに変更または解除してはならない。

Amendments to Major Project Contracts.

(a) The Borrower shall not amend or otherwise modify, or grant any waiver or consent under, any Major Project Contract (other than immaterial administrative type amendments) unless such amendment, modification, waiver or consent (i) is in the best interest of the Borrower and could not reasonably be expected to have a Material Adverse Effect, as certified by a Authorized Officer of the Borrower, and (ii) with respect to any EPC Document (until the Final Completion Date or such later date at which no liabilities remain outstanding under such contracts) Main Agreement and any replacement for any thereof, is consented to by the Applicable Agent and, with respect to Important Main Agreement at any time prior to the Completion Date, the Administrative Agent (each such consent not to be unreasonably withheld or delayed).

(b) The Borrower shall not permit the termination (or effective termination resulting from an assignment of the Borrower's rights) of any Major Project Contract (other than upon expiration in accordance with the terms thereof) unless such termination, after giving effect to any replacement Project Contract entered into in substitution of the terminated Major Project Contract, (i) is in the best interest of the Borrower and could not reasonably be expected to have a Material Adverse

Effect, as certified by a Authorized Officer of the Borrower, and (ii) with respect to the EPC Documents, Main Agreement and any replacement for any thereof, is consented to by the Applicable Agent, and, with respect to Important Main Agreement at any time prior to the Completion Date, the Administrative Agent (each such consent not to be unreasonably withheld or delayed).

(c) Notwithstanding anything else in this Section, other than immaterial administrative-type amendments and modifications, the Borrower shall not amend or otherwise modify, or grant any waiver or consent under, nor shall it permit the termination of, Important Main Agreement, without the consent of the Required Lenders.

主要プロジェクト契約の変更禁止

(a) ボロワーは，主要プロジェクト契約（重要でない事務的な修正を除く）を修正または変更してはならず，または，権利放棄や同意を承諾してはならない。ただし以下の場合の修正，変更，権利放棄，同意は除く。(i) その修正，変更，権利放棄，同意がボロワーの最善の利益となり，ボロワーに重大な悪影響をもたらさないと合理的に予測できると，ボロワーの責任者によって確認された場合，かつ，(ii) EPC（Engineering Procurement Construction）契約（設計調達建設契約）（但し，完工日までまたは完工日以降契約上のEPCコントラクターの義務がなくなるまで），および主契約およびその代替契約に関しては，その修正等が，その役割を選任されたエージェントによって承認された場合，かつ完工前の任意の時点での重要な主契約の修正等は，エージェントによって承認された場合（その承認は不当に保留または遅延されないようにする）。

(b) ボロワーは，主要プロジェクト契約の解除（またはボロワーの権利の譲渡に起因する有効な解除）を認めてはならない（その契約条件に従った契約満了時を除く）。ただし，以下の場合の契約の解除は除く。解除した主要プロジェクト契約の代替として締結された置換プロジェクト契約が有効となった後に，その解除は，(i) ボロワーの最善の利益となり，ボロワーに重大な悪影響をもたらさないと合理的に予測できると，ボロワーの責任者によって確認された場合，かつ，(ii) EPC 契約，主契約それらの代替契約に関しては，その役割を選任されたエージェントによって同意された解除であり，かつ完工前の任意の時点での重要な主契約に関しては，エージェントによって承認された解除であること（その承認は不当に保留または遅延されないようにする)。

(c) ボロワーは，重要でない事務的な修正を除き，本条文のその他の事項にかかわらず，レンダーの過半の同意なしに重要な主契約に基づく修正または変更をしたり，権利放棄や同意を承諾してはならず，重要な主契約の解除を認めてはならない。

ポイント

プロジェクトの存続に関わるような契約を変更，解除してはならないことを規定しています。(a) は契約の変更を禁止しており，ただしボロワーに悪影響を与えないような変更でレンダーの代表であるエージェントによりその変更の承認を得られた場合を例外としています。また，「重要な主契約」は他の「主契約」よりも重要であることから，役割を選任されたエージェントではなく，全体のエージェントによる承認が必要となっています。

(b) は契約を解除させてはならないことを規定しています。ただし，代替契約を締結し，ボロワーに悪影響を与えないような解除で，レンダーの代表であるエージェントによりその解除の同意を得られた場合を例外としています。「主契約」と「重要な主契約」との間にエージェントの承認に違いを設けているのは (a) と同様です。

また，(c) では，「重要な主契約」の変更，解除のうち，(a) (b) のそれぞれ (i) (ii) の例外が満たされない場合は，過半数のレンダーの承認を必要とします。主契約や重要な主契約の変更・解除はボロワーの信用力に大きな影響を及ぼすと考えられるからです。このように，契約の変更や解除がボロワーの信用力にどのような影響を及ぼすかの違いによって，レンダーの承認レベルに軽重を設けていることが分かります。なお，“Required Lenders”とは，レンダーによる承認を行う場合に必要となるレンダーの保有する融資残高割合を示します。上記では「レンダーの過半の同意」と訳していますが，ボロワーの融資残高の50％超の融資残高を持つレンダーが同意することを意味しています。なお“each such consent not to be unreasonably withheld or delayed”は慣用句で，相手側（ここではレンダー）から事前の同意をもらう必要がある場合に，その同意を正当な理由なく拒否できない義務を課すときに使われます。

2　建設予算変更　**プロジェクト**

建設予算の修正，変更発注，および修正計画を実施してはならない。

Amendments to Construction Budget Change Orders: Remedial Plans.

The Borrower shall not amend the Construction Budget or accept, approve or otherwise enter into any change order or remedial plan under the EPC Contract unless, in each case as applicable:

(a) the aggregate cost of all such Construction Budget amendments, change orders and remedial plan approvals (without duplication for overlapping increases) entered into from and after the Closing Date is less than $10,000,000 (net of any applicable Additional Construction Proceeds); or (b) (i) the aggregate cost of all such Construction Budget amendments, change orders and remedial plan approvals (without duplication for overlapping increases) entered into from and after the Closing Date is equal to or greater than $10,000,000 (net of any applicable Additional Construction Proceeds) but less than $25,000,000 (net of any applicable Additional Construction Proceeds) and (ii) the Construction Agent has provided its consent to such Construction Budget amendment, change order or remedial plan (such consent not to be unreasonably withheld or delayed); or

(c) (i) the aggregate cost of all such Construction Budget amendments, change orders and remedial plan approvals (without duplication for overlapping increases) entered into from and after the Closing Date is equal to or greater than $25,000,000 (net of any applicable Additional Construction Proceeds) and (ii) the Required Lenders have provided their consent to such Construction Budget amendment, change order or remedial plan (such consent not to be unreasonably withheld or delayed).

建設予算の変更，変更発注，修正計画

ボロワーは，それぞれ下記に該当する場合を除き，建設予算を修正したり，EPC（Engineering Procurement Construction）契約（設計調達建設契約）に基づく変更発注または修正計画を受け入れたり，承認したり，その他の方法で締結したりしてはならない。

(a)　本融資契約調印日以降の建設予算の修正，変更発注，および修正計画の承認（重複する増加は除く）の総費用が，10,000,000 ドル（建設収入を差し引いたもの）未満である場合。

または，(b)（i）本融資契約調印日以降の建設予算の修正，変更発注，および修正計画の承認（重複する増加を除く）の総費用が 10,000,000 ドル（建設収入を差し引いたもの）以上で 25,000,000 ドル未満（建設収入を差し引いたもの），かつ，(ii) 建設管理の役割を持つエージェントがそのような建設予算の修正，変更発注，および修正計画を承認した場合（その承認は不当に保留または遅延されないようにする）。

または，(c)（i）本融資契約調印日以降の建設予算の修正，変更発注，および修正計画の承認（重複する増加を除く）の総費用が 25,000,000 ドル（建設収入を差し引いたもの）以上で，かつ，(ii) 過半数のレンダーが，建設予算の修正，変更発注，および修正計画を承認した場合（その承認は不当に保留または遅延されないようにする）。

ポイント

建設予算の修正，変更発注，および修正計画を禁止する否定的誓約事項です。建設途上においてコスト増加が判明することはよくあることです。その建設コストの増加額に応じて，レンダーの承認を必要とするようにしています。増加費用が 10,000,000 ドル未満の軽微なものの場合は建設予算の修正，変更発注，および修正計画は認められ，10,000,000 ドル以上 25,000,000 ドル未満であれば，レンダーの代表として建設関係を管理を受け持つエージェントの承認があれば認められ，25,000,000 ドル以上の場合はレンダーの過半数の同意があれば認められるとするものです。金額は一例です。

3　追加契約　プロジェクト

追加プロジェクト契約を締結してはならない。

Additional Project Contracts.

The Borrower shall not enter into, become a party to, or become liable under any Additional Project Contract (with any series of related Project Contracts entered into as part of a single transaction or series of related transactions to be considered as one "Additional Project Contract" for purposes of this Section) unless:

(a) such Additional Project Contract provides for payments of less than $2,000,000 per fiscal year to be made or received by the Borrower thereunder and paragraph (b)(iii)(B) of this Section does not apply; or

(b) (i) such Additional Project Contract is in the best interest of, and on terms fair and reasonable to, the Borrower and could not reasonably be expected to have a Material Adverse Effect, as certified by a Authorized Officer of the Borrower, and (ii) if (A) such Additional Project Contract provides for payments of more than $2,000,000 per fiscal year to be made or received by the Borrower thereunder (unless such Additional Project Contract is a Budgeted Construction Contract) or

(B) such Additional Project Contract is, or is being entered into in replacement of, any Major Project Contract, such Additional Project Contract has been consented to by the Applicable Agent (such consent not to be unreasonably withheld or delayed).

追加プロジェクト契約

ボロワーは，追加のプロジェクト契約を締結する，または当事者になる，または責任を負ってはならない（単一の取引または一連の関連する取引の一部として締結された一連の関連するプロジェクト契約を「追加のプロジェクト契約」と本条文で見なす）。ただし，以下の場合を除く。

(a)　会計年度あたり 2,000,000 ドル未満の支払もしくは受取となる追加プロジェクト契約で，その契約がこのセクションのパラグラフ（b）（iii）（B）に該当しないもの。

(b)　(i) 追加プロジェクト契約は，ボロワーにとって最善の利益であり，公正かつ合理的な条件であり，ボロワーに重大な悪影響をもたらさないと合理的に予測できると，ボロワーの責任者によって確認されたもので，かつ，(ii)（A）もし，会計年度あたり 2,000,000 ドルを超える支払もしくは受取となる追加プロジェクト契約（追加プロジェクト契約が予算化されている場合除く），または，(B) もし，その追加プロジェクト契約が主要プロジェクト契約となるものであるか，もしくはその代替契約として締結されるのであれば，その追加プロジェクト契約はその役割を選任されたエージェントによって承認されているもの（その承認は不当に保留または遅延されないようにする）。

ポイント

追加のプロジェクト契約の締結を禁止する否定的誓約事項です。この条項でも例外事項を設けています。例外は追加のプロジェクト契約の金額が比較的少額な追加契約と，追加契約内容がボロワーの信用力を脅かさないもので，レンダーの同意が得られる追加契約です。金額が大きい追加契約や，追加契約が主要プロジェクト契約に該当する場合は，その役割の担当となるエージェントが同意することが必要です。金額は一例です。

4　預金口座　プロジェクト

小口現金用口座以外の預金口座を持ってはならない。

Accounts.

The Borrower shall not maintain any accounts other than the Depositary Accounts and two checking accounts the amounts on deposit in which will not exceed $500,000 at any one time in the aggregate.

預金口座

ボロワーは，預託口座および 2 種類の当座預金口座以外の口座を保有してはならない。2 種類の当座預金口座の残高は一度に 2 口座で合計 50 万米ドル超としないものとする

ポイント

"Depositary Accounts" とは，預託契約（Deposit Agreement）に定義される入出金の方法が定められたプロジェクト口座のことで，エスクローとも呼ばれます。入金や引き落としのルールが決められているため，エージェントの指示がないと自由に出し入れできません。"checking accounts" とは小口現金のための口座のことで残高が 50 万米ドル以下（金額は一例です）であれば，自由に支払が行える口座のことです。プロジェクトファイナンスの場合，ボロワーのキャッシュフローは資金移動の規則（キャッシュフローウォーターフォール）に定められた方法で管理されるので，前述の口座以外は保有してはならないことを規定しています。

5　有害・危険物 プロジェクト

有害物質や危険物の取扱いが違法行為となってはならない。

Hazardous Materials.

The Borrower shall not use or release any Hazardous Materials in material violation of any Environmental Laws, other Legal Requirements or Applicable Permits or in a manner that would reasonably be expected to subject the Secured Parties to material liability or result, either individually or in the aggregate, in a Material Adverse Effect.

有害・危険物

ボロワーは環境関連法，その他の法律的要求事項，適用される許認可に重大な違反をもたらしたり，担保権者に対して重大な責任を負わせたり個別にも総体としても重大な事象につながる結果となる方法で，有害危険物の使用や廃棄等を行ってはならない。

ポイント

有害危険物については，法律違反を起こさないよう，また担保権者が責任を負うような形にならないように取り扱うことを規定しています。ボロワーとしては当然の義務ではありますが，工場など有害物質や危険物を扱う場合に課されます。

6　商品ヘッジ契約 プロジェクト

認められたもの以外の商品ヘッジ契約を締結してはならない。

Commodity Hedging Agreements.

The Borrower shall not enter into or become a party to Commodity Hedging Agreement other than a Permitted Commodity Hedging Agreement.

商品ヘッジ契約

ボロワーは商品ヘッジ契約を締結する，もしくは取引関係者となってはならない。ただし，予め認められた商品ヘッジ契約は除く。

ポイント

原料や製品の価格などの変動リスクを回避するために，商品ヘッジ契約を締結することがありますが，ボロワーの実需に基づく商品ヘッジ契約以外の商品ヘッジ契約の締結は想定外の損失を招く可能性があることから，その締結を認めないとするものです。

Column　ラテン語由来の用語について

英文融資契約書では，英和辞典に載っていない見慣れない単語に遭遇することがあります。第4章 SECTION 6で出てきたパリパス（pari passu）もその1つです。それらはラテン語を由来とする単語ですが，今でもそのままの形で契約書に用いられますので，意味を覚えるようにしてください。

ad hoc	「臨時の」
bona fide	「誠実な」「善意の」
in lieu of	「～の代わりに」
inter alia	「とりわけ」
mutatis mutandis	「～に準じて」「必要な修正を行って」
pari passu	「同順位」 債権の順位などが優先も劣後もしておらず，同順位であることを示します。
per annum	「1年につき」 金利を年率で表す際などに使われます。
pro rata	「割合に応じて」 期限前弁済があった場合，当該期限前弁済額を未返済の各回返済額の割合に応じて充当する時などに使われます。pari pass と合わせて使われることもあります。
pro forma	「形式上の」
proviso	「ただし書き」「条件」

今でもラテン語が英文融資契約の中で用いられるのは慣習的なものであり，格調高くするためともいわれています。

第5章

表明保証
(Representations and Warranties)

表明保証（Representation and Warranties）は，ボロワーに関する財務や法律等に関する一定の事項が真実かつ正確であることを表明（Representation）しその内容を保証（Warranty）するものです（略して「レプワラ」と呼ばれることがあります)。通常融資契約書の締結時点と融資の貸出実行時点を基準とした表明保証が行われます。前者については，融資契約書締結前に，レンダーはボロワーの信用力を慎重に審査していますが，ボロワーの事実関係の正確性をボロワーによる表明保証により確定させ融資契約書を締結する目的があります。ボロワーの表明保証が虚偽であった場合，表明保証違反は債務不履行事由に該当し，融資契約書の締結は無効となり融資契約上のレンダーの貸付義務は，解除されます。一方，貸出実行時点で行われる表明保証は，貸出が行われるための前提条件と考えられます。したがって，万一表明保証に偽りがあった場合は，本来貸出が実行されなかったにもかかわらずボロワーは融資を受けられたということですから，レンダーから見れば即座に全額返済を求めるべきものとなります。そのため，表明保証の違反は債務不履行事由となり，直ちに全額の返済を求められることになります。

第4章の誓約事項でも述べたとおり，表明保証と誓約事項との違いは，表明保証は一時点での事実の正確性を確保するものである一方，誓約事項は継続的な作為・不作為を約束させるものであり，「一時点での確認」か「継続的な義務」かの違いがあります。表明保証は融資契約書の締結時点と貸出実行時点を基準とするのが基本ですが，場合によっては利息支払時（例えば6か月毎）に繰り返す（Repetition of Representations and Warranties）とするものもあり，その場合の表明保証は6か月毎とはいえ融資期間全体にわたることになり，誓約事項との差異が少なくなります。

【表明保証（Representations and Warranties）条項一覧】

SECTION	条項	要旨
1 表明保証	1 表明保証	下記 SECTION 2～5 を表明保証する。
2 法的事項	1 地位（コーポレートファイナンス）	当該法域の下で適法に設立され，有効に存在し，良好な状態にあり，融資契約を締結し，交付し，および履行するためにの権限や，ボロワーの事業を継続する権限を有している。法的適格性が求められるすべての法域において事業を行う法的適格性がある。
	2 地位（プロジェクトファイナンス）	当該法域の下で適法に設立され，有効に存在し，良好な状態にあり，融資契約を締結し，交付し，および履行するための権限や，ボロワーの事業を継続する，もしくは資産を保有する権限を有している。XX 州や法的適格性が求められるすべての法域において事業を行う法的適格性がある。
	3 承認・コンフリクト	本融資契約書の締結や履行が，社内手続を経ている。法的要件やボロワーの定款や裁判所の命令，政府機関の規制等や，ボロワーの他の債務との関係において矛盾しない。
	4 執行可能性	本融資契約書は正式に締結されたもので，かつ適法かつ有効な拘束力を有し強制執行可能なものである。
	5 政府許認可	融資契約書を締結，実行，履行するのに必要となる政府機関の同意，承認，許可事項が存在しない。
	6 許認可（プロジェクトファイナンス）	必要な許認可を取得している。
	7 訴訟・法令遵守	訴訟，仲裁は存在せず，資産は法的要件に違反していない。
	8 独立	株主等から独立して事業を行っている。
	9 腐敗防止規則	腐敗防止規則に違反する行為を行っていない。

	10 外国資産管理室規制	外国資産管理室（OFAC）規制対象ではない。
3 財務内容	1 財務諸表の提出（コーポレートファイナンス）	財務諸表をレンダーに提供している。
	2 財務諸表の提出（プロジェクトファイナンス）	本融資契約調印日以前に発生した取引を反映した仮決算ベースの監査済貸借対照表をレンダーに提供している。
	3 重大な悪影響がない	重大な悪影響をもたらす事象は存在しない。
	4 税金支払	課税申告書を提出し，納税している。
	5 情報開示・予測	ボロワーに関する情報および予測がレンダーに提供されている。
	6 支払能力	支払能力がある。
	7 主要プロジェクト契約	主要プロジェクト契約は完全に効力を有している。
	8 不履行の状態にない	不履行の状態にない。
4 企業情報	1 株式持分	ボロワーの株式が有効に発行され，全額払込済である。
	2 所有権（コーポレートファイナンス）	不動産・動産の所有権や賃借権を有している。
	3 所有権（プロジェクトファイナンス）	自己の資産に有効な所有権と借地権を保有している。またリースに基づくすべての義務を遵守している。
	4 従業員事項	不当労働行為はなく，ストライキもない。各従業員年金制度は，ERISA（従業員退職所得保証法）に準拠して管理されている。
	5 危険物	危険物の取扱いや環境法について，違反がない。
	6 知的財産	必要な特許等を保有するか使用権がある。事業が他社の特許等を侵害していない。
	7 パリパス	債務が他の無担保かつ非劣後の債務と少なくとも同順位である。

	8 担保	必要な担保権の設定がなされている。
5 プロジェクトファイナンス固有	1 アクセス	プロジェクトの建設操業に必要なユーティリティのサービスやアクセス道路等を確保している。
	2 手数料	仲介業者や斡旋者への手数料支払は今後想定されない。
	3 配当未実施	直近の決算日以降に配当を行っていない。

SECTION 1

表明保証

1　表明保証

下記 **SECTION 2〜5** を表明保証する。

The Borrower represents and warrants to each Lender Party that:

ボロワーはそれぞれのレンダーに対し，以下事項を表明保証する。

ポイント

下記第５章 **SECTION 2〜5** の表明保証を約する旨を示しています。表明保証の違反は，債務不履行事由（第３章 **SECTION 3** 表明保証違反）に該当します。

SECTION 2

法的事項

1　地位（コーポレートファイナンス）　コーポレート

当該法域の下で適法に設立され，有効に存在し，良好な状態にあり，融資契約を締結し，交付し，および履行するためにの権限や，ボロワーの事業を継続する権限を有している。法的適格性が求められるすべての法域において事業を行う法的適格性がある。

Organization, Existence, Power, and Qualification to Do Business

The Borrower is duly organized, validly existing and in good standing under the laws of the jurisdiction of its organization, has all requisite power and authority to execute, deliver, and perform this Agreement and the other Loan Documents to which it is a party and to carry on its business as now conducted and, except where the failure to do so, individually or in the aggregate, could not reasonably be expected to have a Material Adverse Effect, is qualified to do business in, and is in good standing in, every jurisdiction where such qualification is required.

設立，存在，権限，事業執行の法的適格性

ボロワーは，ボロワーが設立されている法域の下で適法に設立され，有効に存在し，良好な状態にあり，本融資契約およびボロワーが契約当事者となる他の融資契約書を締結し，交付し，および履行するために必要なすべての権限，および現在遂行している自身の事業を実行するために必要なすべての権限を有している。また，ボロワーは，法的適格性が求められるすべての法域において事業を行う法的適格性があり，良好な状態にある。

ただし，もしボロワーが（個別にも総体としても）その法的適格性を失っても，ボロワーに重大な悪影響をもたらさないと合理的に予想できる場合は除く。

ポイント

コーポレートファイナンスにおける「設立」，「存続」，「権限」，「事業執行の法的適格性」の4つの要素についての表明保証の例です。ボロワーが法域の下で適法に設立され，有効に存在し，良好な状態にあり，融資契約を締結し，交付し，履行するための権限や事業を遂行するための権限を有していること，また，事業を行う法的適格性を有していることを表明保証させる一般的な表明保証条項です。“,except where the failure...Effect”（その法的適格性を失ってもボロワーに重大な悪影響をもたらさないと合理的に予想できる場合は除く），の訳し方に注意します。

2 地位（プロジェクトファイナンス） プロジェクト

当該法域の下で適法に設立され，有効に存在し，良好な状態にあり，融資契約を締結し，交付し，および履行するための権限や，ボロワーの事業を継続する，もしくは資産を保有する権限を有している。XX州や法的適格性が求められるすべての法域において事業を行う法的適格性がある。

Organization: Power and Authority.

The Borrower (i) is duly organized, validly existing and in good standing under the laws of the jurisdiction of its orgarization, (ii) has all requisite power and authority to own its property and assets and to carry on its business as now conducted, (iii) is qualified to do business and in good standing in the state of XX and in each other jurisdiction where such qualification is required except where the failure to be so qualified in such other jurisdiction could not reasonably be expected to result in a

Material Adverse Effect, and (iv) has the power and authority to execute, deliver and perform its obligations under each of the Transaction Documents and each other agreement or instrument contemplated thereby to which it is or will be a party and to borrow and otherwise obtain credit hereunder.

組織，権限

ボロワーは，(i) ボロワーが設立されている法域の下で適法に設立され，有効に存在し，良好な状態にあること，かつ，(ii) ボロワーの所有物，財産・資産を所有しボロワーが現在遂行している自身の事業を実行するために必要なすべての権限を保有していること，かつ，(iii) XX 州および同様の法的適格性を必要とする他の法域において事業を行う法的適格性があり，かつ良好な状態であること，ただしボロワーがその法的適格性を失っても，ボロワーに重大な悪影響をもたらさないと予想できる場合は除く，かつ，(iv) ボロワーが当事者になっているか当事者となる見込みである本融資契約・プロジェクト契約やそれらの契約によって想定されるその他の契約，法律文書のそれぞれにおける義務を締結，交付，履行するため，ならびに借入を行うもしくは保証を得るための権限を保有している。

ポイント

プロジェクトファイナンスの場合の条文です。ボロワーが適法に設立され，有効に存続していること，事業を遂行する能力権限を有していること，各取引の関係契約に基づく義務を履行できる権利能力を保有していることを表明保証しています。内容はコーポレートファイナンスとほとんど変わりません。しかし，プロジェクトの資産を保有する権限を持つことが加えられているほか，法的適格性を求める具体的な州名の記載があり，これはプロジェクトが実在する場所となります。また，本条では借入だけでなくレンダーから保証を受ける場合も想定しています。

3　承認・コンフリクト　コーポレート　プロジェクト

本融資契約書の締結や履行が，社内手続を経ている。法的要件やボロワーの定款や裁判所の命令，政府機関の規制等や，ボロワーの他の債務との関係において矛盾しない。

Authorization, No Conflict.

The execution, delivery and performance by the Borrower of each of the Loan Documents to which it is a party, the borrowings and other extensions of credit hereunder and the Transactions (i) have been duly authorized by all limited liability company action required to be taken or obtained by the Borrower and (ii) will not (A) violate in any material respect (1) any provision of any Legal Requirement or of the limited liability agreement or other constitutive documents of the Borrower, (2) any applicable order of any court or any rule, regulation or order of any Governmental Authority or (3) any provision of any indenture, lease, agreement or other instrument to which the Borrower is a party or by which it or any of its property is or may be bound, (B) be in material conflict with, result in a material breach of constitute (alone or with notice or lapse of time or both) a material default under, or give rise to a right of or result in any cancellation or acceleration of any material right or obligation (including any payment) or to a loss of a material benefit under any such indenture, lease, agreement or other instrument, or (C) result in the creation or imposition of any Lien upon or with respect to any properly or assets now owned or hereafter acquired by the Borrower, other than Permitted Liens.

承認，矛盾がないこと

　ボロワーが当事者となる各融資契約書，および本融資契約における借入やその他信用供与，および本件プロジェクトの，ボロワーによる締結，交付，ならびに履行が，(i) ボロワーによって取得する必要のある有限責任会社による全ての執行手続によって正式に承認されており，かつ，(ii) (A) 重要な点を全て違反してはならない。その重要な点とは，(1) 法的要件の規定または有限責任会社契約，ボロワーの定款の規定，もしくは (2) 該当する裁判所の命令，政府機関の規制，命令，もしくは (3) ボロワーが当事者となっているか，ボロワーまたはボロワーの資産が拘束されているもしくは拘束される可能性のあるいかなる債務，リース，契約，他の法律文書の規定である。または，(B) いかなる債務，リース，契約，他の法律文書と重大な矛盾がなく，結果としてそれらの重大な違反とならず，またそれらの下で（単独でまたは通知または時間の経過あるいはその両方を伴って）重大な不履行を構成せず，重大な権利や義務（支払を含む）の解除や期限の利益の喪失の権利を引き起こしたり，重大な利益の喪失を引き起こすことはなく，結果としてそうなることがない。または，(C) ボロワーが現在所有するまたは今後取得する所有物，財産・資産に対して，ボロワーが予めレンダーの承認を得たリーエン以外にリーエンが設定される結果となってはならない。

ポイント

ボロワーによる本融資契約書の締結や履行が，正式なボロワーの社内手続を経たものであること，法的要件やボロワーの定款や裁判所の命令，政府機関の規制等やボロワーの他の債務と矛盾しないことを表明保証する一般的な表明保証条項です。大変解読しにくい英文ですが，意味が通じるようになるまで構成を理解しましょう。まず，主語は“The execution, delivery and performance”であり，動詞は (i) の“have been duly authorized”，(ii) の“will not“ (A) “violate”，(B) “be in material conflict with”，“result in”，“constitute”，“give rise to”，“result in”，(C) “result in”です。(i) と (ii) は「かつ」の関係にあり，(ii) の中の (A) (B) (C) は「または」の関係で，not (A) or (B) or (C) となり，全否定となります。(ii) の (A) の例示として (1) (2) (3) が並列しています。

Authorization, No Conflict.

The execution, delivery and performance by the Borrower of each of the Loan
S
Documents to which it is a party, the borrowings and other extensions of credit
hereunder and the Transactions (i) have been duly authorized by all limited liability
V
company action required to be taken or obtained by the Borrower and (ii) will not
(i) と (ii) は and 接続 V
(A) violate in any material respect (1) any provision of any Legal Requirement or
V
of the limited liability agreement or other constitutive documents of the Borrower,
(2) any applicable order of any court or any rule, regulation or order of any
Governmental Authority or (3) any provision of any indenture, lease, agreement
(1) (2) (3) は or 接続
or other instrument to which the Borrower is a party or by which it or any of its
property is or may be bound, (B) be in material conflict with, result in a material
V V
breach of constitute (alone or with notice or lapse of time or both) a material default
V
under, or give rise to a right of or result in any cancellation or acceleration of any
V V
material right or obligation (including any payment) or to a loss of a material benefit under any such indenture, lease, agreement or other instrument, or (C) result in
(A) (B) (C) は or 接続 V
the creation or imposition of any Lien upon or with respect to any properly or assets
now owned or hereafter acquired by the Borrower, other than Permitted Liens.

4 執行可能性 コーポレート プロジェクト

本融資契約書は正式に締結されたもので，かつ適法かつ有効な拘束力を有し強制執行可能なものである。

Enforceability.

This Agreement has been duly executed and delivered by the Borrower and constitutes, and each other Loan Document to which the Borrower is a party when executed and delivered by the Borrower will constitute, a legal, valid and binding obligation of the Borrower enforceable against the Borrower in accordance with its terms, subject to (i) the effects of bankruptcy, insolvency, moratorium, reorganization, fraudulent conveyance or other similar laws affecting creditors' rights generally and (ii) general principles of equity (regardless of whether such enforceability is considered in a proceeding in equity or at law).

執行可能性

本融資契約はボロワーによって正式に締結，交付され，かつボロワーに対して適法かつ有効な拘束力を有し融資契約の条件に従って強制執行可能なものであること。ボロワーが当事者となる他の融資契約書も，締結，交付された時点で同様である。ただし，（i）倒産，破産，支払猶予，組織再編，詐害的譲渡，一般債権者の権利に影響するその他類似の法律の効果に支配されるものとし，かつ，（ii）執行可能性はエクイティ（衡平法）上またはコモン・ロー上の手続と見なされるかどうかにかかわらず，エクイティ（衡平法）に従うものとする。

ポイント

本融資契約書が正しく締結された上で，ボロワーの義務が有効であり，かつ拘束力があり，強制執行可能なものであることが表明保証されています。なお，末尾の“in equity or at law”は英米法での決まり文句です。英米法の基礎となる法体系は（判例法を基本とする）コモン・ローとエクイティ（衡平法）の2つの法体系でした。現在は2つの法体系は統合されていますが，remedy（救済）については両者で意味が異なります。コモン・ロー上の救済（remedy at law）は金銭による損害賠償を，エクイティ上の救済（remedy in equity）は差止命令や特定履行などという意味です。本条ではエクイティによる強制執行を想定しています。“This Agreement ... constitutes”と“each other Loan Document ... will constitute”が and 接続となり，“a legal, valid and ...”につながる構文です。“constitute”は一義的には「構成する」という意味ですが，ここでは「となる」

という意味で訳すのがよいと思います。

Enforceability.

(This Agreement has been duly executed and delivered by the Borrower and constitutes,) and (each other Loan Document to which the Borrower is a party when executed and delivered by the Borrower will constitute,) a legal...

（　）と（　）は and 接続

5　政府許認可　コーポレート　プロジェクト

融資契約書を締結，実行，履行するのに必要となる政府機関の同意，承認，許可事項が存在しない。

Governmental Approvals.

Except as provided in this Section, no action, consent or approval of, registration or filing with, Permit from, notice to, or any other action by, any Governmental Authority is or will be required in connection with (i) the due execution, delivery and performance by the Borrower of the Loan Documents to which it is a party, (ii) the construction and operation of the Project as contemplated by the Transaction Documents, (iii) the consummation of the Transactions by the Borrower or (iv) the grant by the Borrower of the Liens granted under the Security Documents or the validity, perfection and enforceability thereof or for the exercise by the Collateral Agent of its rights and remedies thereunder.

政府許認可

　本条に規定されている場合を除き，以下（i）～（iv）の事項に関連して，必要とされるまたは将来必要となる政府機関の執行，同意，承認，または政府機関への登録，提出，政府機関からの許認可，政府機関への通知，政府機関によるその他の執行がないこと。(i) ボロワーが当事者となっている融資契約書をボロワーが正当に締結，交付，履行することに関連して，(ii) 本融資契約・プロジェクト契約で想定されたとおりプロジェクトの建設運営をすることに関連して，(iii) ボロワーにより本件プロジェクトを完了することに関連して，または，(iv) 担保関連契約で許可されたリーエンをボロワーが承諾することに関連して，もしくは，担保関連契約に基づき担保管理エージェントが自身の権利および救済の行使のために必要な担保関連契約の有効性，対抗要件具備，執行可能性に関連して，である。

ポイント

本融資契約書の締結や手続の履行，プロジェクトの建設運営や，担保関連手続に関連し，政府機関による承認等が必要ないと表明保証するものです。プロジェクトファイナンスでは，融資契約を調印する時点や融資の実行を受ける時点で，すべての承認や許認可を取得しているとは限らないので，下記「6 許認可（プロジェクトファイナンス）」で示すとおり，例外事項を設けた許認可の取得を表明保証させます。

6　許認可（プロジェクトファイナンス）　プロジェクト

必要な許認可を取得している。

Permits.

(a) As of the Closing Date, there are no material Permits under existing Governmental Rules (including Environmental Laws) as the Project is currently designed and contemplated to be constructed and operated that are or will become Applicable Permits other than the Permits listed in Schedule Y. Except as disclosed on Schedule Y, each Applicable Permit listed in Schedule Y has been duly issued or transferred to or made by the Borrower, is in full force and effect and is not subject to any current legal proceeding (including administrative or judicial appeal, permit renewals or modification) or, to the Knowledge of the Borrower, to any material unsatisfied condition or violation, and all statutorily prescribed appeal periods with respect to the issuance of such Permits have expired. The Borrower is in compliance in all material respects with all Applicable Permits.

(b) Each Permit listed in Schedule Y which has not yet been obtained is not yet an Applicable Permit and is of a type that is reasonably expected to be timely obtained by Borrower for the Project. Each such Permit is timely obtainable without material cost, difficulty or delay prior to the time that it will become an Applicable Permit.

許認可

(a)　本融資契約調印日時点において，プロジェクトが現状設計され建設および操業が想定されている過程において，スケジュールYでリストされている許認可を除いて，既存の政府規則（環境法を含む）に基づく重要な許認可で，現在取得することが必要となる許認可，またはこれから取得することが必要となる許認可はない。スケジュールYで理由が開示されているものを除き，スケジュールYにリストされ取得することが必要となる許認可は，正式に発行，伝達または作成されており，完全に有効であり，現在法的手続（行政上訴または司法上の訴え，更新または変更の許可を含む）中ではない。またボロワーの知り得る限りにおいて，重大な許認可不適合や許可違反がなく，かつ許認可の発行に関して法的に規定された上訴期間が失効していない。ボロワーは，すべての重要な点において，取得することが必要となる許認可のすべてを遵守している。

(b)　スケジュールYにリストされていて，まだ取得されていない各許認可は，取得することが必要となる許認可ではまだなく，かつ，プロジェクトのために借入者によって適時に取得されることが合理的に期待される種類のものである。そのような各許認可は，取得することが必要となる許認可となる前に，重大な費用や，困難，遅滞なく適宜取得できる。

ポイント

プロジェクトファイナンス特有の表明保証です。前述の「5 政府許認可」では一般的な許認可の取得を求めていますが，本条はプロジェクトに必要となる許認可がすべて取得されているか，取得されていない場合はスケジュールＹで列挙し，将来取得できることを表明保証するものです。

“Applicable Permit” は適用可能な許認可ではなく，取得することが必要となる許認可と訳します。“to the Knowledge of the Borrower” は決まり文句で，「ボロワーの知り得る限りにおいて」と訳し責任範囲を限定するものです。

7　訴訟・法令遵守　コーポレート　プロジェクト

訴訟，仲裁は存在せず，資産は法的要件に違反していない。

Litigation, compliance with Laws.

(a) Except as set forth on Schedule Z, there are no actions, suits, investigations or proceedings at law or in equity or by or on behalf of any Governmental Authority or in arbitration now pending against, or, to the Knowledge of the Borrower, threatened in writing against or affecting, the Borrower or any business, property or rights of the Borrower (i) as of the Closing Date, that involve any Transaction Document or the Transactions or (ii) which individually or in the aggregate could reasonably be expected to have a Material Adverse Effect.

(b) Neither the Borrower nor its properties or assets is in violation of (nor will the continued operation of its properties and assets as currently conducted, nor completion of the Project as contemplated herein, violate) any currently applicable Legal Requirements (including any zoning, building, or Environmental Law, ordinance, code or approval or any building permit) or any restriction of record or agreement affecting any Mortgaged Property, or is in default with respect to any judgment, writ, injunction or decree of any Governmental Authority, where such violation or default could reasonably be expected to have, individually or in the aggregate, a Material Adverse Effect.

訴訟・法令遵守

(a) スケジュールZの記載を除き，コモンローおよび衡平法のどちらにおいても，ボロワーやボロワーの事業や所有物，権利に対して影響を及ぼす，政府による，または政府の代理による，訴訟，捜査，行政手続は存在せず，もしくは現在係争中の仲裁もなく，またはボロワーの知り得る限りにおいて，書面による脅威もない。そのような訴訟等とは (i) 本融資契約調印日時点において本融資・プロジェクト契約や本件プロジェクトに影響を与え，(ii) またはそのような訴訟等が個別にも総体としても重大な悪影響をもたらすと合理的に予想されるものとする。

(b) ボロワーやボロワーの所有物，財産・資産は現時点で適用されるあらゆる法的要件（建築規制，建設法，環境法，条例，規約，許可，その他建設許可を含む）に違反していない（また現在遂行されている所有物や財産・資産の継続的な操業や，本融資契約に基づき想定されているプロジェクトの完工が法的要件を違反しない見込みである），もしくは抵当不動産に影響を与える記録や合意の制限にも違反していない，または政府機関による判決，令状，差止命令，法令に関連して不履行の状態にない。その違反や不履行とは，個別にも総体としても，重大な悪影響をもたらすと合理的に予想される可能性があるものとする。

ポイント

ボロワーに関して訴訟や仲裁は存在しないほか，ボロワーやボロワーの資産は適用される法的要件を満たしているという，すなわち法律の遵守を表明保証しています。

(a)(b) の文章の構造は少し分かりにくいです。まず (a) ですが，“against, or, to the” の前後で分けて考えます。最初に “the Borrower or any business, property or rights of the Borrower” に対する訴訟，捜査，行政手続が存在しないことを述べ，その後（ボロワーが認知できる範囲でという制限付きで）そのような脅威（ただし書面によるもの）がないことを表明保証しています。さらに，(i)(ii) は (i) より前に述べた訴訟等が (i) 本融資契約，プロジェクト契約に影響を与えるものであるか，(ii) ボロワーに重大な影響を与えるものとしています。冒頭のスケジュール Z は現在訴訟等が存在する場合の例外項目を列挙したものです。

次に (b) ですが，主語は “the Borrower nor its properties and assets” で，動詞は “is in violation of” と “is in default” です。ボロワーやボロワーの資産が違反状態や不履行状態にないとしています。

Litigation, compliance with Laws.

(a) Except as set forth on Schedule Z, there are (no actions, suits, investigations or proceedings at law or in equity or by or on behalf of any Governmental Authority or in arbitration now pending against,) or, (to the Knowledge of the Borrower,
( ) と ( ) は or 接続
threatened in writing against or affecting,) the Borrower or any business, property or rights of the Borrower (i) as of the Closing Date, that involve any Transaction Document or the Transactions or (ii) which individually or in the aggregate could
(i) と (ii) は or 接続
reasonably be expected to have a Material Adverse Effect.

(b) Neither <u>the Borrower nor its properties or assets</u> (S) <u>is</u> (V) in violation of (nor will the continued operation of its properties and assets as currently conducted, nor completion of the Project as contemplated herein, violate) any currently applicable Legal Requirements (including any zoning, building, or Environmental Law, ordinance, code or approval or any building permit) or any restriction of record or agreement affecting any Mortgaged Property, or <u>is</u> (V) in default with respect to any judgment, writ, injunction or decree of any Governmental Authority, where such violation or default could reasonably be expected to have, individually or in the aggregate, a Material Adverse Effect.

---

8 独立 プロジェクト

株主等から独立して事業を行っている。

Single Purpose Entity Separateness.

(a) The Borrower has not conducted any business other than the business contemplated by the Transaction Documents, has no outstanding Indebtedness or other material liabilities other than the Existing Indebtedness which will be repaid in full on the Closing Date and Indebtedness or other material liabilities pursuant to or allowed by the Transaction Documents, and is not a party to or bound by any material contract other than the Transaction Documents to which it is a party.

(b) The Borrower is not a general partner or a limited partner in any general or limited partnership or a joint venture in any joint venture.

(c) The Borrower has no subsidiaries.

(d) The Borrower maintains separate bank accounts and separate books of account from the Sponsors and all other Persons. The separate liabilities of the Borrower are readily distinguishable from the liabilities of the Sponsors and all other Persons.

(e) The Borrower conducts its business solely in its own name in a manner not misleading to other Persons as to its identity.

(f) No Sponsor guarantees any of the obligations of the Borrower.

特別目的会社の独立性

(a) ボロワーは，本融資契約・プロジェクト契約で想定されている事業以外の事業を遂行しておらず，本融資契約調印日時点で全額返済される予定である既存の債務，もしくは本融資契約・プロジェクト契約に規定されているか許可されている債務やその他重要な負債以外には，未払の債務またはその他の重要な負債を有していない。また，当事者となっている本融資契約・プロジェクト契約以外で重要な契約の当事者ではなくそれらの拘束力を受けない。

(b)　ボロワーは，ゼネラルパートナーまたはリミテッドパートナー，ジョイントベンチャーでもない。

(c)　ボロワーは子会社を保有しない。

(d)　ボロワーは，スポンサー，および他のすべての者とは別の銀行口座と別の帳簿を保持する。切り離されたボロワーの負債は，スポンサー，および他のすべての者の負債と容易に区別され得る。

(e)　ボロワーは，ボロワーの身元に関して他人に誤解を与えない方法で，自身の名称で事業を遂行する。

(f)　ボロワーの義務に対してスポンサーは保証しない

ポイント

プロジェクトファイナンス特有の表明保証です。プロジェクトファイナンスにおけるボロワーは，通常SPC（Special Purpose Company）と呼ばれる特別目的会社であり（ここでは“Single Purpose Entity”と呼んでいます），スポンサーからは独立した単一事業を営む存在です。そのためにボロワーの義務履行違反をスポンサーに遡及することは一義的にはできません（リミテッドリコース）。したがって，スポンサーはボロワーの各種義務を保証せず，会計上も資金管理上も全く別の存在であることをボロワーが表明保証するものです。

本条項は「倒産隔離」を意味するものです。倒産隔離とは，ボロワー（SPC）の株主が破綻した際，SPCがその影響を受けないようにするものです。具体的には，上記（d）で規定される銀行口座や帳簿を株主とSPCとの間で別々に管理することのほか，株主の借入とSPCの借入を峻別することが挙げられます。

9　腐敗防止規則　コーポレート　プロジェクト

腐敗防止規則に違反する行為を行っていない。

Anti-Corruption Regulations

None of the Borrower nor, to the knowledge of the Borrower, any director, officer, agent, employee, or other person acting on behalf of the Borrower has taken any action, directly or indirectly, that would result in a violation by such persons of the Foreign Corrupt Practices Act of 1977, as amended, and the rules and regulations thereunder or any other applicable anticorruption law.

腐敗防止規則

ボロワーは，またはボロワーの知り得る限りにおいて，ボロワーを代表して行動する取締役，役員，代理人，従業員，もしくはその他の人物が，直接的もしくは間接的にも改訂連邦海外腐敗行為防止法（1977），およびその下の規則と規制またはその他の該当する腐敗防止法に違反する結果となる行動をとっていない。

ポイント

腐敗防止規則等を違反する行為を行っていないことを表明保証するものです。その違反とする対象はボロワーだけではなく，その取締役や従業員も含みます。ボロワーとしても限界があるので，責任範囲を限定する「ボロワーの知り得る限りにおいて」という表現が挿入されています。米国内のボロワーを前提とした条項です。

10　外国資産管理室規制　コーポレート　プロジェクト

外国資産管理室（OFAC）規制対象ではない。

Office of Foreign Assets Control Regulations

None of the Borrower or, to the knowledge of the Borrower, any director, officer, employee, agent, or affiliate of the Borrower is an individual or entity (“Person”) that is, or that is owned or controlled by Persons that are: (i) the target of any sanctions administered or enforced by the U.S. Department of the Treasury's Office of Foreign Assets Control ("OFAC") or the U.S. Department of State,; or (ii) located, organized or resident in a country or territory that is, or whose government is, the subject of Sanctions.

外国資産管理室（OFAC）規制

ボロワーは，またはボロワーの知り得る限りにおいて，ボロワーの取締役，役員，従業員，代理人，またボロワーの関係会社は，(i)(ii)のような制裁対象であるか，制裁対象に所有または管理されている個人または組織ではない。(i) 米国財務省外国資産管理室（「OFAC」）または米国国務省によって管理または施行されている制裁措置の対象である，または，(ii) 国または地域がまたはその政府が制裁の対象となっている国または地域に所在，組織化，または居住している。

ポイント

OFAC 規制とは，米国の外交政策・安全保障上の目的から，米国が指定した国・地域（イラン，北朝鮮，キューバ等）や当該地域に所在する特定の個人・団体（制裁対象者）などに対して，米国ドル建ての送金等の取引禁止や資産凍結などの措置を講じるものであり，ボロワー等がその対象でないことを表明保証させるものです。レンダーは，OFAC 規制対象との取引を行うことで，レンダーによるドル建て送金やレンダーの米国での営業が制限される可能性があるため，このような表明保証を求めます。

SECTION 3

財務内容

1　財務諸表の提出（コーポレートファイナンス）

コーポレート

財務諸表をレンダーに提供している。

Financial Statements

The Borrower has heretofore furnished to the Lenders its consolidated balance sheet and statements of income, stock holders equity, and cash flows (i) as of and for the fiscal year ended XX, 20XX, reported on by independent public accountants, and (ii) as of and for the fiscal quarter and the portion of the fiscal year ended XX, 20XX certified by its Chief Financial Officer. Such financial statements present fairly, in all material respects, the financial position and results of operations and cash flows of the Borrower and its consolidated subsidiaries as of such dates and for such periods in accordance with GAAP, subject to year-end audit adjustments and the absence of footnotes in the case of the statements referred to in clause (ii) above. Except as set forth therein, as of the respective dates of such financial statements, there were no material contingent liabilities, material liabilities for taxes, material unusual forward or long-term commitments or material unrealized or anticipated material losses from any unfavorable commitments of the Borrower or any of its subsidiaries.

財務諸表

ボロワーは，貸手に連結貸借対照表および損益計算書，株主資本等変動計算書，およびキャッシュフロー計算書をこれまで提供している。(i) それは，20XX 年 XX 月を会計年度末時点で，独立公認会計士によって報告されたもの，および，（ii）各会計四半期末時点および 20XX 年 XX 月を決算期とする会計年度累計で，最高財務責任者によって証明されたものとする。そのような財務諸表は，GAAP に基づき，その時点もしくはその期間におけるボロワーおよび連結子会社の財務状態や経営成績，キャッシュフローのすべての重要な点を正しく表すものである。ただし，上記（ii）で言及された財務諸表の場合，期末監査による調整があり得ることおよび脚注が付記されないことを条件とする。財務諸表に記載された場合を除き，かかる財務諸表のそれぞれの日付の時点で，重大な偶発債務，重大な未払税金，一般的でなく長期の重大なコミットメント，またはボロワーおよび連結子会社の好ましくないコミットメントから生じる重大な未実現かつ予想される損失は存在しない。

ポイント

コーポレートファイナンスにおける，レンダーへ財務諸表を提出しているとする表明保証です。ここでは，1 年に 1 回会計決算期末に会計士が作成した財務諸表を，3 か月毎の 4 半期末にはボロワーの CFO が確認した財務諸表を提出することとしています。肯定的誓約事項にも同様の内容が規定されます（第 4 章 SECTION 2 1 財務諸表の提出（コーポレートファイナンス））。

2　財務諸表の提出（プロジェクトファイナンス）

プロジェクト

本融資契約調印日以前に発生した取引を反映した仮決算ベースの監査済貸借対照表をレンダーに提供している。

Financial Statements.

The Borrower has furnished to the Lenders the audited balance sheet, prepared on a pro forma basis, giving effect to the transactions occurring on or prior the Closing Date, which was prepared in accordance with GAAP consistently applied and fairly presents on a pro forma basis the financial position of the Borrower as of the date thereof, assuming that such transactions had actually occurred at such date. The Borrower does not have any material liabilities (contingent or otherwise) that are not reflected in such audited balance sheet.

財務諸表

ボロワーは，本融資契約調印日以前に発生した取引を反映した仮決算ベースの監査済貸借対照表をレンダーに提供している。それはGAAPに基づき一貫性をもって準備されたもので，ボロワーの本融資契約調印日時点での財務状態を仮決算ベースで公正に表したものであり，本融資契約調印日までに実際に取引が発生したことを前提としている。当該監査済貸借対照表に反映されていない重大な負債（偶発的かそうでないかを問わず）を負っていない。

ポイント

まず，“Closing Date”は2種類あることを説明します。1つは融資関連契約の調印日のことで，正確には“Dry Finance Closing Date”と呼びます。もう1つは初回貸出実行のための諸条件（貸出先行要件）が充足した日のことを意味することもあり，正確には“Wet Finance Closing Date”と呼びます。英文融資契約書の定義を参照して“Closing Date”がどちらを指すのか確認しましょう。ここでの“Closing Date”は融資関連契約書の調印日を示しています。プロジェクトファイナンスの場合，“Closing Date”時点のボロワーの財務諸表を作成してレンダーに提供する必要があります。“Closing Date”がボロワーの決算日であることはまずないので，融資契約の調印日時点での仮決算書をこの表明保証のために作成し，レンダーに提出することが求められます。

プロジェクトファイナンスではキャッシュフローを精緻に想定します。プロジェクトファイナンスの始点となる本融資契約調印日の財務内容を基にキャッシュフロー表を作成するため，“Closing Date”時点の仮決算書が必要となります。企業買収（M&A）案件でも，株式譲渡価格を定めるために，株式譲渡取引日時点での仮決算書を作成することが必須となります。

調印日時点での仮決算書の作成・提出は表明保証に特有の条項ですが，決算日毎の決算書の作成・提出は肯定的誓約事項に規定されます（第４章 **SECTION 2** 2 財務諸表の提出（プロジェクトファイナンス））。

3　重大な悪影響がない　コーポレート　プロジェクト

重大な悪影響をもたらす事象は存在しない。

No Material Adverse Effect.

There has been no event or occurrence which has resulted in or would reasonably be expected to result in, individually or in the aggregate, any Material Adverse Effect.

重大な悪影響がないこと

個別にも総体としても重大な悪影響をもたらすことになる，またはもたらすことになると合理的に予想されるような事象または発生が存在しない。

ポイント

現時点までにボロワーに対して重大な悪影響をもたらすような事象が発生していないことを表明保証させています。重大な悪影響をもたらすような事象はMaterial Adverse Effectの定義に述べられますが，抽象的な表現となることが多いので，ボロワー，レンダーにとって何が“Material Adverse Effect”に相当するのかをよく協議して文書化しましょう。“individually or in the aggregate” とは，ここでは，重大な 1 件の個別事象の観点で見ても，些細な複数件の事象全体での観点で見ても，重大な悪影響をもたらさないという訳になります。

4　税金支払　コーポレート　プロジェクト

課税申告書を提出し，納税している。

Taxes.

The Borrower (i) has timely filed or caused to be timely filed all federal, state and local Tax returns required to have been filed by it that are material to the Borrower or its assets and each such Tax return is complete and accurate in all material respects and (ii) has timely paid or caused to be timely paid all material Taxes shown thereon to be due and payable by it and all other material Taxes or assessments, except Taxes or assessments that are being contested in good faith by appropriate proceedings in accordance with affirmative covenants (Taxes) and for which the Borrower has set aside on its books adequate reserves.

税金

ボロワーは，(i) ボロワーまたはボロワーの資産にとって重要で，ボロワーによって提出が必要とされるすべての連邦，州，および地方の納税申告書を適時に提出している，または適時に提出させられている，その納税申告書はすべての重要な点で完全かつ正確である，かつ，(ii) ボロワーによって支払われるべきすべての重要な税金またはその他の重要な税金および査定額を適時に支払っている，または適時に支払わされている。ただし，肯定的誓約事項（税金支払）に従って，適切な手続で誠意を持って争われており，ボロワーがその支払のために帳簿上十分な準備金を確保している税金または査定額は除く。

ポイント

課税申告を行い，納税していることを表明保証するものです。最後の部分“for which the Borrower has set aside…”が多少分かりにくいですが，課税の是非につき係争している場合は，敗訴した場合に備えて支払うべき税金を確保しておけば，(i)(ii)を満たしていなくともよいということを意味します。

5　情報開示・予測　コーポレート　プロジェクト

ボロワーに関する情報および予測がレンダーに提供されている。

Disclosure and Projections.

(a) All written information (other than the Projections and other projections and forward-looking statements) concerning the Borrower, the Transactions and any other transactions contemplated hereby included in the Information Memorandum or otherwise made available by the Borrower, any Sponsor or any of their representatives to any Lender Party in connection with the Transactions or the other transactions contemplated hereby, when taken as a whole, is true and correct in all material respects and does not contain any untrue statement of a material fact or omit to state a material fact necessary in order to make the statements contained therein not materially misleading in light of the circumstances under which such statements were made.

(b) The Projections and other projections and forward-looking statements prepared, or as directed by the Borrower or any of its representatives and that have been made available to any Lender Party in connection with the Transactions or the other transactions contemplated hereby (i) have been prepared in good faith based upon assumptions believed by the Borrower to be reasonable as of the Closing Date (or, if later, as of the date delivered), and (ii) as of the Closing Date (or, if applicable, as of such later date) have not been modified in any material respect by the Borrower.

(c) As of the Closing Date, the Construction Budget, the Project Schedule and the Base Case Projections (a) are based on reasonable assumptions, (b) are made in good faith and (c) are consistent with the provisions of the Project Contracts.

(d) There are no facts known (or which should upon the reasonable exercise of diligence be known) to the Borrower (other than matters of a general economic nature) that, individually or in the aggregate, could reasonably be expected to result in a Material Adverse Effect and that have not been disclosed herein or in such other documents, certificates and statements furnished to Lender Parties for use in connection with the transactions contemplated hereby.

情報開示・予測

(a)　インフォメーションメモランダムに含まれる，ボロワーもしくは想定された本件プロジェクト他に関する，書面による情報（ただし予測およびその他の予測および将来の見通しに関する報告書を除く），または，本融資契約で想定されている本件プロジェクト他に関してボロワー，スポンサー，それらの代理人からレンダーに対して総合的に提供された書面による情報は，すべての重要な点において真実かつ正確であり，当該報告書の作成にあたり，重大な誤解を生まないようにするため，重要な事実についての間違った報告は含まれておらず，必要となる重要な事実を省いていない。

(b)　本融資契約で想定されている本件プロジェクトや他のプロジェクトに関して，ボロワーまたはその代理人のいずれかによって準備または指示され，レンダーに対して提供された，予測およびその他の予測および将来の見通しに関する報告書は，(i) 本融資契約調印日（またはそれ以降の場合はその報告書の引渡し時）の時点で，合理的であるとボロワーが信じる前提に基づいて誠意を持って準備されたものであり，かつ，(ii) 本融資契約調印日（または該当がある場合はその日以降）の時点で，重要な点においてボロワーによって変更されていないものである。

(c) 本融資契約調印日時点において，建設予算，プロジェクトスケジュール，およびキャッシュフローのベースケース予測は，(a) 合理的な仮定に基づいており，(b) 誠実に作成され，(c) プロジェクト契約の規定と一致している。

(d) (合理的なデューデリジェンスを行使することで知り得るような) ボロワーが認知する事実 (一般的な経済問題を除く) で，個別にも総体としても，重大な悪影響をもたらすことになると合理的に想定されるような事実は存在しない。また，本融資契約で想定されているプロジェクト取引において使用するためのもので，レンダーに提供されたその他の文書，証明書，および報告書において，開示されていない事実は存在しない。

ポイント

ボロワーや本件プロジェクトに関する情報や予測がレンダーに適切に開示されていることを表明保証するものです。本条はプロジェクトファイナンスを想定した細かい内容のものですが，コーポレートファイナンスでも準用できます。

まず，(a) 文の主語動詞を把握しましょう。主語は“All written information”ですが，動詞は“is true and correct”と“does not contain,… or omit to state”になります。(a) のインフォメーションメモランダムとは，プロジェクトの情報を詳細に記載した資料のことで，①プロジェクトの概要紹介，②スポンサーの紹介，③プロジェクト実施国のマクロ経済動向，④プロジェクトに関する業界動向，⑤プロジェクトの定性情報 (関連当事者，関連当事者との契約内容，採用技術，競争力，環境への影響等) ⑥資金調達計画，⑦セキュリティーパッケージ，⑧損益計画，⑨キャッシュフローモデル，⑩クローズまでのスケジュールなどを記載するものです。(a) では，インフォメーションメモランダムとボロワーによって提供された情報が真実かつ正確であることを表明保証しています。

(b) は予測および将来の見通しに関する報告書についての表明保証です。

(c) はプロジェクトの建設予算，プロジェクトスケジュール，およびキャッシュフローのベースケース予測が含まれます。

(a) All written information [S] (other than the Projections and other projections and forward-looking statements) concerning the Borrower, the Transactions and any other transactions contemplated hereby included in the Information Memorandum or otherwise made available by the Borrower, any Sponsor or any of their representatives to any Lender Party in connection with the Transactions or the other transactions contemplated hereby, when taken as a whole, is [V] true and correct in all material respects and does not contain [V] any untrue statement of a material fact or omit [V] to state a material fact necessary in order to make the statements contained therein not materially misleading in light of the circumstances under which such statements were made.

6 支払能力 コーポレート プロジェクト

支払能力がある。

Solvency.

Immediately after giving effect to the Transactions to occur on the Closing Date and immediately following the occurrence of each other Credit Event, (a) the fair value of the assets of the Borrower, at a fair valuation, will exceed the debts and liabilities, direct, subordinated, contingent or otherwise, of the Borrower, (b) the present fair saleable value of the property of the Borrower will be greater than the amount that will be required to pay the probable liability of the Borrower on its debts and other liabilities, direct, subordinated, contingent or otherwise, as such debts and other liabilities become absolute and matured, (c) the Borrower will be able to pay its debts and liabilities, direct, subordinated, contingent or otherwise, as such debts and liabilities become absolute and matured, and (d) the Borrower will not have unreasonably small capital with which to conduct the business in which it is engaged as such business is now conducted and is proposed to be conducted following the Closing Date.

支払能力

本融資契約調印日時点で本件プロジェクトが効力を得た直後に，および その後のそれぞれの融資実行の直後に，(a) ボロワーの財産・資産の公正価値は，公正な評価において，借入ならびに負債，直接的な，劣後条件の，偶発的な，もしくはその他の負債の合計を上回り，かつ，(b) ボロワーの所有物の現在の公正な売却可能額は，ボロワーの借入ならびに負債，直接的な，劣後条件の，偶発的な，もしくはその他負債が無条件に支払期限を迎える際に，ボロワーが責任を負う支払金額よりも大きく，かつ，(c) ボロワーは，ボロワーの借入ならびに負債，直接的な，劣後条件の，偶発的な，もしくはその他負債が無条件に支払期限を迎える際に，その借入や負債を支払うことができ，かつ，(d) 本融資契約調印日時点以降に，ボロワーが従事する事業を遂行するにあたって，その事業が現在遂行され，および遂行されることが予定されている間において，ボロワーは過度な過小資本であってはならない。

ポイント

ボロワーの支払能力があることを本融資契約調印日時点で表明保証するものです。(a) から (d) はかつ条件で，(a) は資産の公正価値が借入と負債を上回ること，(b) は資産の売却可能額が借入と負債を上回ること，(c) は借入や負債を支払うことができること，(d) は事業を行うにあたり，将来的に過小資本とならないことを規定しています。

7　主要プロジェクト契約　コーポレート　プロジェクト

主要プロジェクト契約は完全に効力を有している。

Major Project Contracts.

Copies of all Major Project Contracts, in each case as currently in effect, have been delivered to the Administrative Agent by the Borrower. Except as has been previously disclosed in writing to the Administrative Agent, as of the Closing Date, none of the Major Project Contracts have been amended, modified or terminated. Each of the Major Project Contracts is in full force and effect and, to the Knowledge of the Borrower, no defaults have occurred and are continuing thereunder, except, in the case of such defaults occurring after the Closing Date, where such default would not reasonably be expected to have a Material Adverse Effect.

主要プロジェクト契約

現在有効であるすべての主要プロジェクト契約のコピーは，ボロワーからエージェントに送付されている。それ以前にエージェントに書面で開示された場合を除いて，本融資契約調印日において，主要プロジェクト契約は修正，改訂，解除されていない。各主要プロジェクト契約は完全に効力を有しており，ボロワーの知り得る限りにおいて，当該契約において不履行は発生していないし現在も継続していない。ただし，本融資契約調印日以降に不履行が発生し，その不履行がボロワーに重大な悪影響をもたらさないと合理的に予想されている場合を除く。

ポイント

ボロワーの主要プロジェクト契約は，本融資契約調印日時点において，修正等は行われておらず，有効であることを表明保証するものです。

8　不履行の状態にない　コーポレート　プロジェクト

不履行の状態にない。

No Default.

No Default or Event of Default has occurred and is continuing.

不履行の状態にない

不履行や債務不履行事由は発生しておらず，継続していない。

ポイント

“Default”や“Events of Default”が発生している，または発生状態が続く状況にないことを表明保証しています。この表明保証自体は当然のことであり理解できると思いますが，第 3 章の債務不履行事由の冒頭で解説したとおり，ここでは“Default”（不履行）と“Events of Default”（債務不履行事由）の意味を区別して使っています。本条文での“Events of Default”はいうまでもなく，債務不履行事由に該当することですが，“Default”の方は，何かの事象や状況が時間の経過や通知等により“Events of Default”を構成することを意味することから，債務不履行事由を誘因するような事象や状況がある場合も本表明保証の違反となります。つまり，英文融資契約書における“Default”の意味は，日本語の「デフォルト（債務不履行事由の状態にあることを意味することが多い)」とは異なります。“Default”は，潜在的債務不履行事由と呼称されることもあります。

SECTION 4

企業情報

1　株式持分　コーポレート　プロジェクト

ボロワーの株式が有効に発行され，全額払込済である。

Ownership of Equity Interests.

The Equity Interests in the Borrower have been duly authorized and validly issued and are fully paid and non-assessable. There is no existing option, warrant, call, right, commitment or other agreement to which the Borrower is a party requiring, and there is no membership interest in or other Equity Interest in the Borrower outstanding which upon conversion or exchange would require, the issuance by the Borrower of any additional membership interests or other Equity Interests in the Borrower or other securities convertible into, exchangeable for or evidencing the right to subscribe for or purchase a membership interest or other Equity Interest in the Borrower.

株式持分

ボロワーの株式持分は正当に承認され有効に発行され，全額払込済で追加払込み義務のないものである。既存のオプション，ワラント，コール，権利，コミットメント，またはボロワーが当事者となる必要のあるその他の契約は存在しない。転換時または交換時にボロワーの追加的メンバーシップ権やその他の株式持分の発行が必要となるような，払込みされていないボロワーの追加的メンバーシップ権やその他の株式持分はない。ボロワーのメンバーシップ権やその他の株式持分に転換，交換できるか取得や購入する権利を証するようなその他の証券も存在しない。

ポイント

ボロワーの株式が有効に発行されており，全額払込済で追加払込み義務がないこと，転換社債やワラント債による株式の追加発行もないことを表明保証しています。

2　所有権（コーポレートファイナンス）　コーポレート

不動産・動産の所有権や賃借権を有している。

Title to Property

Borrower has good and marketable title to, or valid leasehold interests in, all of its real and personal property material to its business, except for minor defects in title that do not interfere with its ability to conduct its business as currently conducted or to utilize such properties for their intended purposes and except for liens permitted under Lien Covenant.

所有権

ボロワーは，ボロワーの事業にとって重要なそのすべての不動産ならびに動産に対し正しく市場性のある所有権または有効な賃貸権を有する。ただし，ボロワーの事業を現在行われているとおりに遂行する能力や，または意図された目的のためにその所有物を利用する能力を妨げない程度の軽微な瑕疵のある所有権ならびにリーエンの誓約事項においてボロワーが予めレンダーの承認を得たリーエンを除く。

ポイント

コーポレートファイナンスにおける，事業に必要な不動産，動産の所有権や賃借権を正当に保有しているということを表明保証するものです。簡潔な表現となっています。

3 所有権（プロジェクトファイナンス） プロジェクト

自己の資産に有効な所有権と借地権を保有している。また，リースに基づくすべての義務を遵守している。

Title to Properties: Possession Under Leases.

(a) The Borrower has good and insurable title to, or valid leasehold interests in, all its material properties and assets (including good, marketable and insurable fee simple title to all Real Property), except for (i) Permitted Liens and (ii) the Existing Liens which will be released in full on the Closing Date. At all times following Substantial Completion, the Project and, to the extent there are structures and systems existing on the Site, such structures and systems are, to the Knowledge of the Borrower, free from material structural defects and all systems contained therein are in good working order and condition, ordinary wear and tear excepted, suitable for the purposes for which they are currently being used. No portion of the Real Property has suffered any material damage by fire or other casualty loss that has not heretofore been completely repaired and restored to its original condition to the extent required by this Agreement and the Depositary Agreement.

(b) The Borrower, and, to the Knowledge of the Borrower, each other party thereto, has complied in all material respects with all obligations under all material leases to which it is a party and all such leases are legal, valid, binding and in full force and effect and are enforceable in accordance with their terms. The Borrower enjoys peaceful and undisturbed possession under all such material leases. No landlord Lien has been filed, and, to the Knowledge of the Borrower, no material claim is being asserted, with respect to any lease payment under any material lease. None of the Real Property is subject to any lease, sublease, license or other agreement granting to any person other than the Borrower any right to the use, occupancy, possession or enjoyment of the Real Property or any portion thereof other than Permitted Liens.

(c) The Borrower has not received any notice of, nor has any Knowledge of, any pending or contemplated condemnation proceeding affecting the Real Property or any sale or disposition thereof in lieu of condemnation or any pending or contemplated relocation of roadways providing access to the Real Property by a Governmental Authority or any party to an easement or similar instrument that provides such access.

(d) The Borrower is not obligated under any right of first refusal, option or other contractual right to sell, assign or otherwise dispose of any Real Property or any interest therein.

所有権

(a)　ボロワーは，ボロワーの重要な所有物，財産・資産（すべての不動産の権利に対する優良で市場価値のある不動産完全所有権を含む）に有効な所有権と借地権を保有している。ただし以下を除く。(i) ボロワーが予めレンダーの承認を得たリーエン，(ii) 本融資契約調印日の時点で完全に担保解除される既存のリーエン。実質的な完工後，常にプロジェクト，または構造物とシステム（構造物とシステムがサイトに存在する場合に限る）は，ボロワーの知り得る限りにおいて，構造物に重大な瑕疵はなく，システムは良好な稼働状態にあり，通常の使用による摩耗を除いて，現在使用されている目的に適したものである。不動産の権利は火災や他の災害損失によって，重大な損失は受けておらず，それらの災害により本融資契約や預託契約で要求されるオリジナルな状態に，完全に修理されていない，および復元されていないということはない。

(b)　ボロワーと，（ボロワーの知り得る限りにおいて）他の関連当事者は，契約中の重要なリース取引に基づくすべての義務をすべての重要な点で遵守しており，そのようなリースはボロワーに対して適法かつ有効な拘束力を有し，完全な効力を持ち，そのリース取引条件に従って執行可能なものである。ボロワーは，すべての重要なリース取引契約において障害なく所有権を享受している。地所への抵当権は設定されておらず，（ボロワーの知り得る限りにおいて）重要なリースにかかるリース料の支払に関して重大な主張はされていない。ボロワーが予めレンダーの承認を得たリーエン以外で，不動産の権利もしくはその一部をボロワー以外の当事者が使用する，占有する，所有する，享受する権利を承諾するようなリース，サブリース，ライセンス，その他の契約に，不動産の権利が従属するものとはなっていない。

(c) ボロワーは，政府機関もしくはそのアクセスを提供する通行権もしくは類似の手段に関連する関係者から，不動産の権利に対して影響の出る保留中もしくは予定されている収用手続，または収用の代替としての売却や処分，または不動産へのアクセスを提供する道路の保留中もしくは予定されている付替えに関する通知を受け取っておらず，何ら情報も持ち合わせていない。

(d) ボロワーは，先買権やオプション他の契約上の権利の下で，不動産の権利の売却，譲渡，その他の処分の義務を負わない。

ポイント

プロジェクトファイナンスの場合の所有権に係る表明保証は，上記のように大変細かい記載になることがあります。プロジェクトファイナンスの債務返済原資は，当該プロジェクトから生み出されるキャッシュフロー（現金収支）であり，担保はボロワーの資産のみを対象とするため，スポンサーへのリコース（遡及）はできません。万一ボロワーが債務不履行状態となった場合，レンダーが担保を実行してボロワーの事業に介入します（これをステップインと呼びます）。しかし，ボロワーの資産やリースの所有権に瑕疵や使用制限があれば，レンダーが介入した際，不都合となりますので，ボロワーの資産，リースの所有権に問題がないことをボロワーに表明保証させるわけです。

本条では，“to the Knowledge of the Borrower”という表現が繰り返し出てきます。今までの条項でも出てきていましたが，「ボロワーの知り得る限りにおいて」という条件を示す語句になります。ボロワーがすべてを知り得ることが困難である事項については，このような条件を設けることがあります。LMA では，“to the best of Borrower’s knowledge and belief”という表現が使われることもあります。

また，“material”（重大な，重要な）という単語も頻出していますが，これも“to the Knowledge of the Borrower”と同様に制限を設けるもので，表明保証の対象が広すぎる場合は重要な点のみに限定するという目的です。どちらの語句も過度な表明保証を求めることにより，融資取引が実務上困難になることを避けるためのものです。

なお，“Improvements”は，米国で土地部分を除く建物部分の不動産を意味します。

4　従業員事項　コーポレート　プロジェクト

不当労働行為はなく，ストライキもない。各従業員年金制度は，ERISA（従業員退職所得保障法）に準拠して管理されている。

Employee Matters.

(a) The Borrower is not engaged in any unfair labor practice that could reasonably be expected to have a Material Adverse Effect. There is (i) no unfair labor practice complaint pending against the Borrower, or to the Knowledge of the Borrower, threatened against it before the National Labor Relations Board and no grievance or arbitration proceeding arising out of or under any collective bargaining agreement that is so pending against the Borrower or to the Knowledge of the Borrower, threatened against it, (ii) no strike or work stoppage in existence or threatened involving the Borrower or the Project, and (iii) to the Knowledge of the Borrower, no union representation question existing with respect to the employees at the Project and, to the Knowledge of the Borrower, no union organization activity that is taking place at the Project, except (with respect to any matter specified in clause (i), (ii) or (iii) above, either individually or in the aggregate) such that could not reasonably be expected to have a Material Adverse Effect.

(b) Each Plan has been administered in compliance with all applicable provisions and requirements of ERISA and the Code and the regulations and published interpretations thereunder, except for failures to so comply which could not reasonably be expected to have a Material Adverse Effect.

従業員事項

(a)　ボロワーは，重大な悪影響を及ぼすことを合理的に予測されるような不当労働行為に関与していない。(i) 全米労働関係委員会に送致される前で，ボロワーに対して保留となっている不当労働行為の苦情がなく，またはボロワーの知り得る限りにおいて，その脅威は存在しない。包括的労働協約から生じるもしくは同協約の下での抗議や仲裁手続がなく，またはボロワーの知り得る限りにおいて，その脅威は存在しない。かつ，(ii) ボロワーもしくはプロジェクトを巻き込むようなストライキまたは作業の停止が存在しない，または脅威となっていない，かつ，(iii) ボロワーの知り得る限りにおいて，プロジェクトの従業員に関する組合代表の質問が存在しない，およびボロワーの知り得る限りにおいて，プロジェクトで行われている組合組織活動はない。ただし，(上記の (i) (ii) または (iii) で指定された事項に関して，個別にも総体としても) 重大な悪影響を及ぼすことを合理的に想定できない場合は除く。

(b)　各従業員年金制度は，ERISA（従業員退職所得保証法）と内国歳入法およびその下の規則と公開された解釈における，適用可能な規定と要件のすべてに準拠して管理されている。ただし，準拠しないことで重大な悪影響を及ぼすことを合理的に想定できない場合を除く。

ポイント

従業員に関する不当労働行為がないことや，ERISA（従業員退職所得保障法）等に基づき従業員年金制度が管理されていることを表明保証するものです。米国では従業員の地位が守られているため，比較的細かく表明保証を求められます。

5　危険物　コーポレート　プロジェクト

危険物の取扱いや環境法について，違反がない。

Hazardous Materials.

(i) The Borrower is not or does not have in the past been in violation of (or received any written notice that it is in violation of) any applicable Environmental Law; (ii) The Borrower does not have has handled, disposed of Released, or discharged in, on, under or about the Site or the Improvements or any other Real Property owned or leased by the Borrower, or transported thereto or therefrom, any Hazardous Materials that would reasonably be expected to subject the Borrower or any Secured Party to liability under any applicable Environmental Law; and (iii) there are no Hazardous Materials used, stored or present at or on the Mortgaged Property or the Improvements, except as used, stored or present in the ordinary course of construction or operation of the Project and in compliance with all Environmental Laws, in each case of (i) through (iii) above that could reasonably be expected to subject any Secured Party to liability or have, individually or in the aggregate, a Material Adverse Effect.

危険物

(i)　ボロワーは適用環境法を現在も過去も違反していない（違反の事実の通知を受け取っていない）。

(ii)　ボロワーは，ボロワーが所有またはリースしているプロジェクトのサイト，建物もしくはその他不動産の権利の地下にまたは周辺で，ボロワーや担保権者に環境法上の責任を負わせるような危険物の取扱い，処分，放出，排出，出入りさせていない。

(iii)　プロジェクトの通常の建設，操業において使用，貯蔵，保有するものかつすべての環境法を遵守するものを除き，抵当権の設定された資産・財産もしくは建物において使用，貯蔵，保有する危険物はない。

(i) から (iii) のすべてにおいて，担保権者に責任を負わせるか，または個別にも総体としても重大な悪影響を与えることが合理的に予想されない。

ポイント

危険物の取扱いや環境法について，違反がないことを表明保証するものです。特にボロワーの資産を担保として徴求しているレンダーにも責任が及ぶことから，レンダーに責任が及ばないようにボロワーに表明保証させているものです。

6　知的財産　コーポレート　プロジェクト

必要な特許等を保有するか使用権がある。事業が他社の特許等を侵害していない。

Intellectual Property.

The Borrower owns or has the right to use all patents, trademarks, service marks, trade names, copyrights, licenses and other rights which are necessary for the development, construction, ownership and operation of the Project in accordance with the Transaction Documents, in each case, as to which the failure of the Borrower to so own or have the right to use could reasonably be expected to have a Material Adverse Effect. No material product, process, method, substance, part or other material presently contemplated to be sold or employed by the Borrower in connection with its business will infringe any patent, trademark, service mark, trade name, copyright, license or other right owned by any other Person.

知的財産

本融資契約・プロジェクト契約に従って，プロジェクトの開発，建設，所有，操業に必要となるすべての特許，商標，トレードマーク，商号，著作権，ライセンスおよびその他の権利をボロワーは保有するか使用する権利を有する。それらは，ボロワーが保有していないまたは使用する権利がないことで，重大な悪影響をもたらすと合理的に予想されるものとする。ボロワーの事業に関連し，ボロワーによって販売または採用しようと現在予定している，主製品，プロセス，手法，物質，その他の材料が，第三者によって保有される特許，商標，トレードマーク，商号，著作権，ライセンスおよびその他の権利を侵害しない。

ポイント

ボロワーが事業で必要となる特許，商標，トレードマーク，商号，著作権，ライセンス等を保有しているか，使用する権利を有しているかという点と，ボロワーの事業が他社の特許，商標，トレードマーク，商号，著作権，ライセンス等を侵害していないことを表明保証するものです。もし後者に該当することがあれば，ボロワーが訴えられ，場合によってはボロワーの事業が停止することになるほか，ボロワーが風評リスクに晒され，信用力の低下につながりかねません。

7　パリパス　コーポレート

債務が他の無担保かつ非劣後の債務と少なくとも同順位である。

Pari Passu Ranking

The payment obligations of the Borrower hereunder are and will at all times be unsubordinated general obligations of the Borrower, and rank and will at all times rank at least pari passu with all other present and future unsubordinated unsecured Debt of the Borrower.

同順位性

本融資契約におけるボロワーの支払義務は，現在も将来も常に非劣後一般債務であり，ボロワーの現在将来の他の非劣後無担保借入と現在も将来も常に少なくとも同順位であるものとする。

ポイント

肯定的誓約事項（第４章 SECTION 6 1パリパス）にある“Pari Passu Ranking”と同じ趣旨です。繰り返しになりますが，本条項の趣旨は，ボロワーの債務が法令上の優先債務（労働債権，租税債権等）を除く他の無担保かつ非劣後の債務と少なくとも同順位であることを表明保証させています。万一の倒産時の清算手続において，本融資のレンダーよりも優先的な取扱いを受ける債権者が現れないようにする目的で設けられるものです。

本条項は，誓約事項と違い契約調印時点もしくは貸出時点のみの表明保証となります。無担保のコーポレートファイナンスの場合，肯定的誓約事項でパリパス条項を設けるよりも，否定的誓約事項でリーエンの誓約事項（ネガティブプレッジ条項，第４章 SECTION 9 1リーエン（コーポレートファイナンス））を規定し，本融資よりも優先的な借入を防止することが多いようです。

8 担保 コーポレート プロジェクト

必要な担保権の設定がなされている。

Collateral.

The Liens granted to the Collateral Agent pursuant to the Security Documents with respect to the Collateral (i) constitute valid and subsisting liens of record on such right, title and interest as the Borrower shall from time to time have in all Real Property covered by the Mortgage, (ii) constitute perfected security interests in such right, title and interest as the Borrower shall from time to time have in all personal property included in the Collateral, and (iii) are subject to no Liens except Permitted Liens. Except to the extent possession of portions of the Collateral is required for perfection, all such action as is necessary has been taken to establish and perfect the Collateral Agent's rights in and to the Collateral, including any recording, filing, registration, giving of notice or other similar action (assuming proper recordation of any such documents). As of the Closing Date, no filing, recordation, re-filing or re-recording hereto is necessary to perfect and maintain the perfection of the interest, title or Liens of the Security Documents. Borrower has properly delivered to the Collateral Agent all Collateral that requires perfection of the Liens and security interests described above by possession.

担保

担保に関して，担保関連契約に従って担保管理エージェントに承諾されたリーエンは，(i) 抵当権によってカバーされたすべての不動産の権利において，ボロワーが常に保有しなければならない権利，権原，および利益に対して有効かつ存続するリーエンの記録となっており，かつ，(ii) 担保に含まれるすべての動産において，ボロワーが常に保有しなければならない権利，権原，および利益に対して対抗要件を具備した担保権があり，かつ，(iii) ボロワーが予めレンダーの承認を得たリーエン以外にリーエンは存在しない。担保の一部を対抗要件具備のために占有する必要がある場合を除き，記録，提出，登録，通知，または他の同様の行動（契約の適切な記録を前提とする）を含め，担保における担保管理エージェントの権利を確保するために必要な行為がなされている。本融資契約調印日時点において，担保関連契約の利益，権原，またはリーエンの対抗要件を設定または維持するために，提出，記録，再提出，または再記録の必要はない。ボロワーは，リーエンの対抗要件具備を必要とするすべての担保，および占有による上記記載の担保権を担保管理エージェントに適切に引き渡している。

ポイント

本条は，融資契約書の締結および融資の実行に際し，不動産の権利および動産に必要な担保権の設定が適切に行われていることを表明保証するものです。

所有権のところでも述べたとおり，プロジェクトファイナンスでの担保は，ボロワーの資産に限定されます。したがって，債務不履行事由が発生し，プロジェクトの事業継続が危ぶまれる場合には，レンダーが事業に介入しリストラもしくは新スポンサーへの株式譲渡などを通じて事業の継続を図ろうとするため，その介入の際にボロワーの資産に設定された抵当権等の担保権がスムーズに実行されレンダーの支配下に移る必要があります。その担保権の実行に阻害となる要因がないようにしておくため，ボロワーに表明保証させるわけです。

SECTION 5

プロジェクトファイナンス固有

1　アクセス　プロジェクト

プロジェクトの建設操業に必要なユーティリティのサービスやアクセス道路等を確保している。

Access, Utilities and Other Services.

The Borrower has (or will have as and when necessary for the construction and operation of the Project and on commercially reasonable terms) all utility services, roadway and railway access and other services and materials necessary for the development, construction, operation and maintenance of the Project, including sufficient supplies of water and electricity to enable the Project to operate at design capacity in accordance with the Base Case Projections. All roads necessary for the full utilization of the Project for its intended use have been completed and dedicated to public use or are the subject of access easements for the benefit of the Site or will be completed as and when necessary for the construction and operation of the Project.

アクセス，施設，その他サービス

ボロワーは，プロジェクトの開発，建設，操業，維持に必要となるユーティリティサービスや鉄道や道路のアクセス，その他のサービスや資材を保有している（もしくはプロジェクトの建設や操業に必要となるような，または必要となる際に商業的に合理的な条件で保有する見込である）。プロジェクトのベースケース予測に従って設計能力でプロジェクトを操業するための十分な水，電力の供給も確保している。プロジェクトのフル稼働に必要となるボロワーが利用可能な道路はすでに完成し公共の利用に供されているか，プロジェクトサイトための通行権が確保されているか，もしくはプロジェクトの建設，運営に必要となる際には完成予定である。

ポイント

プロジェクトファイナンス特有の表明保証です。プロジェクトの建設操業に必要なユーティリティサービスや，操業に必要な水，電力を確保しているか，またサイトまでのアクセス道路が確保されている（確保できる）ことを表明保証するものです。

2　手数料　プロジェクト

仲介業者や斡旋者への手数料支払は今後想定されない。

Certain Fees.

No broker's or finder's fee or commission will be payable with respect to the transactions contemplated by the Transaction Documents, except as payable to the Agents and the Lenders.

手数料

エージェントやレンダーに支払うべきものを除き，本融資契約・プロジェクト契約で想定される取引に関して，今後支払うべき仲介業者や斡旋者への手数料はない。

ポイント

米国の案件でよく見られるプロジェクトファイナンス特有の表明保証です。本融資契約やプロジェクト関連契約において，レンダーないしレンダーのエージェントへの手数料以外の仲介業者や斡旋者への手数料は存在しないことを表明保証しています。当該プロジェクトの開発や権益譲受に関する取引において，その取引を仲介した業者等への支払は今後発生しないことを意味します。

3　配当未実施　プロジェクト

直近の決算日以降に配当を行っていない。

No Restricted Junior Payments.

Since December 31, 20XX, the Borrower has not directly or indirectly declared, ordered, paid or made any Restricted Payment or agreed to do so except as permitted.

配当未実施

20XX 年 12 月 31 日以降，認められた場合を除きボロワーは直接的にもしくは間接的に配当を宣言，命令，支払，実施しておらず，または配当の合意をしていない。

ポイント

直近の 12 月末の決算以降，配当等の支払等を行っていないことを表明保証するものです。言い換えると，表明保証を行う時点において，直近の決算日以降株主資本の異動がないことを保証しているものです。プロジェクトファイナンスのキャッシュフロー表は，直近の決算のバランスシートを出発点として作成しますので，その出発点に変更がないことを保証するためです。第 5 章 SECTION 3 2 の財務諸表（プロジェクトファイナンス）では，本融資契約調印日時点での仮の貸借対照表の提出を求めていますが，本条項はそれを補完するものといえ，キャッシュフロー重視するプロジェクトファイナンス特有の表明保証です。

Column　なぜ英文融資契約書は長いのか

英文融資契約書の重要な条項を解説してきましたが，理解できましたでしょうか。1つ1つの条項の理解を通じて，レンダーやボロワーにどのような義務や権利が生じるかが分かっていただけたかと思います。

皆さんは英文融資契約書の長さにうんざりしたことはないでしょうか。国内の融資契約書と比べて英文融資契約書はかなり長いことはすでにお気付きだと思います。国内の融資契約書は通常数ページで，英文契約書の構成に類似する　日本ローン債権市場協会タームローン契約書（2019年版）（第1章で引用）でも34ページ（本文のみ）であるのに対して，優に100ページを超えることの多い英文融資契約書は，同じ融資契約書でありながらそのボリュームに歴然とした差があります。

この傾向は英文融資契約書に限らず英文契約書全般に共通するものです。この差の理由については，様々な説があるようですが，1つには英文契約書の「網羅性」に原因があると思います。一例として，“Lien”（リーエン）という単語の英文融資契約書での「定義」の例を紹介します。

> “Lien” means any mortgage, pledge, hypothecation, assignment, deposit arrangement, encumbrance, lien (statutory or other), charge, or preference, priority or other security interest, or any other type of preferential arrangement in the nature of a security interest of any kind or nature whatsoever (including any conditional sale or other title retention agreement, right of way or other encumbrance on title to real property, and any financing lease having substantially the same economic effect as any of the foregoing) and, in the case of securities, any purchase option, call, or similar right of a third party with respect to such securities.

“Lien”は「先取特権」と訳されることもありますが，上記の“Lien”の定義では先取特権だけでなく，担保権全般を指すものとしています。しかし，ここまで羅列する必要があるのか？　と思われるほど多くの担保関連用語が“Lien”の定義の対象となっています。“Lien”という単語に担保権全般という意味を持たせるために，徹底的に担保関連の用語を並べるのはなぜなのでしょうか。

英米法には「口頭証拠排除原則（Parol Evidence Rule）」という，口頭の合意は契約内容として認めない考え方があります。したがって契約はすべて書面上で行い，契約から生ずる問題について，契約書以外の関連する合意や書面が影響することを排除するための完全合意条項（Entire Agreement）が設けられます。この書面を重視する考え方に基づき，契約書の英語表現は，厳格かつ「網羅的」になる傾向があり，考えられるすべての事項を盛り込もうとして長文化すると考えられます。

次の理由として，英米の法体系がコモンロー（Common law）と呼ばれる判例法を基にしていることが挙げられると思います。判例法とは，裁判所の判決が後の同様な事件の判決を拘束することによって法と認められるものです。したがって判例法の世界では，契約書上で発生した問題を何かの法律で正否を判定することが難しいため，契約上起こり得る問題や権利や義務，賠償の方法などを事細かく契約書に記載します。日本国内の契約書では，民法の「信義誠実の原則」に基づき，将来問題が起きたらお互いに誠実に協議をして解決しようとしますが，英米法の契約書では，滅多に発生しない場面をも想定して契約書を作成するため契約書が長文化するのです。

また，滅多に発生しない場面を契約書に記載するという観点は，人を疑ってかかる「性悪説」に基づいていることも背景にあるのではないかと思います。「いつどのように騙されても対処できるようにしておきたい」という考えから，起こり得るあらゆる事象を事前に想定し契約書に記載するため，長文化すると思われるのです。性善説の日本ではなかなか理解し難いところですが，英米との日本の文化の差であり良し悪しの問題ではありません。

英文契約書が長文化する最後の理由として，英語を母国語とせず，自国の法律が英米法ではない人が英文契約書を読んでも，正しく同じ解釈ができるように「明確さ」を追求しようとすることが考えられます。英米法は，国と国をまたがるクロスボーダー取引で頻繁に用いられます。言語，法律は勿論のこと慣習や文化の違う誰が読んでも，誤解を生むことなく正しく共通の理解となるよう，長文化するのではないかと考えます。

このように，英文契約書が「網羅性」，「判例法」，「性悪説」，「明確さ」に徹するがあまり，執念深いと表現してよいほどの長文となるのは，日本人にはなかなか理解し難いものです。

しかし，英文契約書が長いのは「明確さ」を求めるためであるとすれば，逆にそれは英語契約書の長所とも考えられないでしょうか。英文融資契約書の煩わしいほどくどい長文と格闘した末に，その意味と意図を「腹落ち」した際に得られる達成感と爽快感は何ともいえないものです。

皆さんにも本書読了後，多くの英文融資契約書と格闘して，この達成感と爽快感を味わっていただくことができれば，筆者としてこの上ない喜びです。

索　引

日本語

【あ】

【か】

【さ】

【た】

【な】

【は】

【ま】

【や】

【ら】

英語

【A-C】

【D-F】

【I-L】

【M-O】

【P-R】

【S-W】

【著者紹介】

堀切　聡（ほりきり　そう）
中国電力株式会社　国際事業部門　部門長補佐
1986年京都大学経済学部卒業。
株式会社日本長期信用銀行にて国内営業，海外プロジェクトファイナンス等を担当後，1998年から日本輸出入銀行（現　株式会社国際協力銀行）にて，審査，営業，リスク管理等を担当し，2016年から中国電力株式会社国際事業部門にて海外電力投資を担当

本書は，筆者個人の見解であり，筆者の所属する組織の公式の見解ではありません。

著者との契約により検印省略

令和5年4月20日　初 版 発 行

英文融資契約書の読み方
コーポレートファイナンスから
プロジェクトファイナンスまで

著　　者　堀　切　聡
発 行 者　大　坪　克　行
印 刷 所　美研プリンティング株式会社
製 本 所　牧製本印刷株式会社

発 行 所　〒161-0033 東京都新宿区
下落合2丁目5番13号
株式会社 **税務経理協会**
振　替 00190-2-187408
電話 (03)3953-3301（編集部）
F A X (03)3565-3391
(03)3953-3325（営業部）
URL　http://www.zeikei.co.jp/
乱丁・落丁の場合は，お取替えいたします。

ISBN978-4-419-06900-1 C3034